August Lammers

Die
geschichtliche
Entwicklung

des

Freihandels

Nach dem Original von 1869
herausgegeben von Hansjörg Walther.

Libera Media

2016

V. i. S. d. P.:
Dr. Hansjörg Walther
Schwarzburgstraße 7
60318 Frankfurt am Main
Deutschland

ISBN-13: 978-1534664913
ISBN-10: 1534664912

Inhalt

Einleitung

Der Autor

August Lammers wurde am 23. August 1831 als ältester Sohn eines Kaufmanns in Lüneburg geboren. Er hatte zwei Schwestern, die später Lehrerinnen wurden und ihn auch bei seiner Arbeit unterstützten. Als Schüler in Lüneburg erlebte Lammers den Umschwung von 1848, der ihn wie so viele mitriß. Er beschloß sogleich, nach Hamburg zu fahren, um sich dort zum Militärdienst zu melden und an den Kämpfen in Schleswig-Holstein zu beteiligen, wurde aber nicht angenommen. Nach Lüneburg zurückgekehrt, legte er sein Abitur ab und begann daraufhin zu Ostern 1850 in Göttingen Philologie und Geschichte zu studieren.

Allerdings zog es August Lammers zum Journalismus. Neben dem Studium begann er Artikel für die liberale „Weser-Zeitung" zu schreiben. Diese kamen so gut bei der Leserschaft an, daß man ihm eine Anstellung anbot. August Lammers nahm die Offerte an und brach sein Studium ab. Von Juli 1852 bis Februar 1853 redigierte er das Blatt, woraufhin er kurzzeitig nach Paris ging und von dort Korrespondenzen lieferte. Im Frühjahr 1853 übernahm er dann die Redaktion der „Hildesheimer Allgemeinen Zeitung", für die er bis 1857 arbeitete. Es folgte eine Tätigkeit für die „Zeitung für Norddeutschland" von 1857 bis 1859, bevor er zur „Weser-Zeitung" zurückkehrte.

August Lammers hatte allerdings weitergehende Vorstellungen. Und so versuchte er im Jahre 1861 ein eigenes Blatt zu gründen. Die „Zeit", welche er zusammen mit der „Süddeutschen Zeitung" in Frankfurt am Main redigierte, hatte allerdings mit ihrer kleindeutschen Ausrichtung im großdeutsch eingestellten Frankfurt einen schweren Stand und ging schon 1864 ein. August Lammers war jedoch als Journalist gefragt, weshalb er binnen kurzem die Redaktion der „Elberfelder Zeitung" übernehmen konnte. Schließlich wechselte er 1866 zum „Bremer Handelsblatt". Den von ihm 1877 begründete „Nordwest, Monatsschrift für Gemeinnützigkeit und Unterhaltung" leitete er schließlich bis zu seinem Tode zusammen mit seiner Schwester, der Frauenrechtlerin Mathilde Lammers. Außerdem schrieb August Lammers für zahlreiche andere Zeitungen Artikel und Essays.

Aus seiner publizistischen und journalistischen Tätigkeit entwickelten sich auch Lammers politische Aktivitäten. Nach Vorarbeiten 1857 war er 1858 an der Begründung des „Kongresses deutscher Volkswirte" beteiligt. Dabei handelte es sich um eine Vereinigung liberaler Publizisten, Wissenschaftler und Politiker, die sich daran machten, die Entwicklung in Deutschland in liberaler Richtung mitzubestimmen.

Einleitung

Zu den Teilnehmern der jährlichen „Volkswirtschaft-lichen Kongresse", die jeweils in einer anderen Stadt stattfanden, gehörte August Lammers regelmäßig. Hier stand er in unmittelbaren Austausch mit Män-nern wie Wilhelm Lette[1], Hermann-Schulze-Delitzsch[2], Viktor Böhmert, John Prince-Smith, Otto Michaelis, Karl Braun[3] oder Max Wirth. Auch an der Gründung des „Nationalvereins" 1859 war August Lammers beteiligt, welcher sich für eine Einigung Deutschlands auf liberaler Grundlage und unter der Führung Preußens einsetzte. Von den Zeitgenossen wurde er als stiller Mitarbeiter hinter den Kulissen geschätzt. Für seine volkswirtschaftlichen Studien kam ihm dabei zustatten, daß er von Haus aus mit dem gewerblichen Kleinbetrieb vertraut war und auch den Großbetrieb in seiner Bremer Zeit kennengelernt hatte. Politisch stand August Lammers dabei der Deutschen Fortschrittspartei nahe und später dem freihändlerischen linken Flügel der Nationalliberalen

---

[1] Bei Libera Media ist erschienen: Wilhelm Lette: „Die Freizü-gigkeit, das wichtigste Grundrecht für die arbeitenden Klassen" von 1863.

[2] Von Hermann Schulze-Delitzsch bei Libera Media erhältlich: „Die Abschaffung des geschäftlichen Risico durch Herrn Lassal-le" (1866), „Soziale Rechte und Pflichten" (1866) und „Die so-ziale Frage" (1869).

[3] Kommentierte Neuausgaben von Karl Braun bei Libera Media: „Für Gewerbefreiheit und Freizügigkeit durch ganz Deutsch-land" (1860), „Studien über Freizügigkeit" (1863), „Die Freizü-gigkeits-Gesetzgebung der Schweiz" (1864).

Partei, die sich von der Deutschen Fortschrittspartei 1867 abspaltete.

Mit der Gründung des Norddeutschen Bundes wurde die vom Kongreß deutscher Volkswirte vorbereitete Liberalisierung zur Realität. Viele der führenden Köpfe des Kongresses waren Mitglieder des Reichstags für die Deutsche Fortschrittspartei oder die Nationalliberalen, die nun eine ganze Reihe ihrer Forderungen umsetzen konnten, so etwa die Einführung der Koalitionsfreiheit, Gewerbefreiheit und Freizügigkeit, die Abschaffung der Pässe und Visa, die die Gleichberechtigung der Religionen, die Beseitigung der letzten Ehehindernisse sowie der Freihandel nach außen und die Abschaffung von Monopolen nach innen.

Diese Politik unterstützte August Lammers auch nach der Reichsgründung 1871, insbesondere als Abgeordneter des Preußischen Abgeordnetenhauses von 1873 bis 1879 für den Wahlkreis Elberfeld-Barmen. Allerdings änderte Kanzler Bismarck ab Mitte der 1870er Jahre seine Ausrichtung in antiliberaler Richtung, was mit dem Übergang zum Protektionismus Ende des Jahrzehnts zum Durchbruch kam. Aufgrund seiner freihändlerischen Einstellung gehörte Lammers zu den Nationalliberalen, die zusehends in Konflikt mit dem Regierungskurs kam und sich 1880 als „Liberale Vereinigung" abspalteten.

August Lammers strebte keine führende Position in der Politik an, arbeitete dafür aber an vielen einzelnen Initiativen mit, die er auch publizistisch begleitete. Hierbei war es ihm auch immer wichtig, Wissen der breiten Öffentlichkeit nahezubringen, wie auch an

Einleitung

die vorliegenden Schrift aus dem Jahre 1869 zeigt, die als öffentliche Rede gehalten wurde und in der „Sammlung gemeinverständlicher Vorträge" erschien, welche von Franz von Holtzendorff[1] und Rudolf Virchow[2] herausgegeben wurde.

Ebenfalls 1869 beleuchtete August Lammers auch die wachsende Auswanderung aus Deutschland mit der Schrift „Die deutsche Auswanderung unter Bundesschutz" (Herbig, Berlin 1869). Eine umfassende Sicht entwickelte er dann nach der Reichsgründung in seinem Buch „Deutschland nach dem Kriege. Ideen zu einem Programm nationaler Politik" (Duncker & Humblot, Leipzig 1871). Um allgemeine politische Themen drehten sich zudem seine Schriften „Die Schutzzölle" (Breslau 1876) und „Der Socialismus" (Koebner, Breslau 1878).

Die Zeitfragen, mit denen sich August Lammer befaßte, waren sehr vielseitig. Als liberaler Christ war er im „Deutschen Protestantenverein" tätig, wobei er auch die Zusammenarbeit mit strenggläubigen Glaubensgenossen bei sachlichen Fragen stets förderte.

---

[1] *Von Franz von Holtzendorff sind bei Libera Media erschienen: „Richard Cobden" (1866), „Über die Verbesserungen in der gesellschaftlichen und wirtschaftlichen Stellung der Frauen" (1869), „Die Psychologie des Mordes" (1875), „Die Auslieferung der Verbrecher und das Asylrecht" (1881).*

[2] *Kommentierte Ausgaben gibt es bei Libera Media von folgenden Werken von Rudolf Virchow: „Die Freiheit der Wissenschaft im modernen Staat" (1877) und „Sozialismus und Reaktion" (1878).*

Hansjörg Walther

Programmatisch schrieb er dazu die Schrift „Die Ver-
jüngung der Kirche" (Bremen 1876). Außerdem arbeitete er am Organ des Protestantenvereins mit, dem
„Deutschen Protestantenblatt", das er zeitweise sogar
redigierte.

Mit der Schrift „Der Moorrauch und seine
Culturmission" aus dem Jahre 1876 wandte sich Au-
gust Lammers gegen das Abbrennen der Moore. Als
Begründer und Schriftführer des „Vereins gegen das
Moorbrennen" konnte er durchsetzen, daß diese
Mißstand ein Ende fand und die Moorgegenden wie-
der kultiviert wurden. Weitere Anliegen, denen sich
August Lammers widmete, waren die Einrichtung
von Ferienkolonien und Knabenhorten, von Arbei-
ter-Bildungsvereinen sowie Bildungs- und Erwerbs-
vereinen für Frauen. Gerade letzteres lag ihm sehr am
Herzen, weshalb er auch die Arbeit des „Allgemeinen
Deutschen Frauenverein" unterstützte und sich allgemein für eine Besserstellung von Frauen einsetzte.
Darüber hinaus engagierte er sich für den „Deutschen
Verein zur Rettung Schiffbrüchiger", den „Verein für
Massenverbreitung guter Schriften" und den „Deutschen Verein für Gesundheitspflege". Für letzteren
war er an der Organisation der „Deutschen Gesund-
heitspflegertage" beteiligt, zu deren Geschäftsführer
er zeitweise gewählt wurde.

Den Kern von August Lammers gesellschaftlichen Bemühungen stellte die Verbesserung der Lage
für die ärmeren Schichten der Bevölkerung dar. Dabei ging es ihm um die Verbreitung von Kenntnissen.
In diesem Sinne begründete er zusammen mit Franz
Leibing, den er aus seiner Elberfelder Zeit kannte,

Einleitung

Fritz Kalle aus Wiesbaden, Seyffardt aus Krefeld sowie dem Begründer des Genossenschaftswesens auf Selbsthilfe Hermann Schulze-Delitzsch nach einem Aufruf im März 1872 die „Deutsche Gesellschaft für Verbreitung von Volksbildung", die er auch journalistisch unterstützte.

Mit einer ähnlichen Stoßrichtung war August Lammers auch an der Begründung des „Deutschen Vereins für Armenpflege und Wohlthätigkeit" beteiligt, der nach Vorarbeiten 1880 ins Leben gerufen werden konnte. Schon in seiner Zeit in Elberfeld hatte er sich mit einer Reform des Armenwesens beschäftigt, was er in einem Beitrag über „die Elberfelder Armenpflege" in dem Werk „Das Armenwesen und die Armengesetzgebung in europäischen Staaten" (Berlin 1870) seines Freundes Arwed Emminghaus (1831–1916) ausführte sowie in einer Schrift über die „Bettelfrage", die 1879 bei Simion im sechsten Heft der „Volkswirthschaftlichen Zeitfragen" erschien.

Mit der Armenpflege setzte sich August Lammers 1882 in seiner Schrift „Ziele und Bahnen der deutschen Armenpflege" (Simion, Berlin 1882) eingehender auseinander. Aus seiner Sicht ging es hierbei vor allem um drei Punkte: 1. die Erziehung zur Arbeit, 2. die Erziehung zum Sparen und Versichern und 3. die Erziehung zur Mäßigkeit beim Genuß von alkoholischen Getränken. In jeder dieser drei Richtungen ergriff August Lammer in den jenen Jahren die Initiative.

So setzte er sich, was die Erziehung zur Arbeit anlangte, ab 1880 für den Handfertigkeits-Unterricht der Knaben ein. Dies führte 1886 zur Gründung des

„Deutschen Vereins für Knabenhandarbeit", an dessen Gründung und Aktivitäten August Lammers intensiv Anteil nahm. Seine Ansichten faßte er dabei in der Schrift „Die Erziehung zur Arbeit" (F. A. Perthes, Gotha 1891) zusammen. Er schlug überdies vor, analog zur Übung der Handfertigkeit in der Knabenvolksschule, auch in der Mädchenvolksschule das Fach „Haushaltungslehre" einzuführen.

Den zweiten Punkt, die Erziehung zum Sparen und Versichern, griff August Lammers in seiner Schrift „Sparen und Versichern" im Heft 23 der „Volkswirthschaftlichen Zeitfragen" (Berlin, Verlag von Simion 1881) auf. Wieder gelang es ihm, Mitstreiter für sein Ziel zu gewinnen, sodaß 1882 der „Deutsche Sparkassentag" ins Leben gerufen werden konnte, dessen Vorsitz, bzw. stellvertretenden Vorsitz er mehrfach übernahm.

Zum dritten Punkt, der Erziehung zur Mäßigkeit, schrieb August Lammers 1881 den Aufsatz „Bekämpfung der Trunksucht", der zuerst in Franz von Holtzendorffs „Zeit- und Streitfragen" in Heft 149 erschien und etwas später auch im Verlag von Habel in Berlin. Im Jahre 1883 folgte dann die Begründung des „Deutschen Vereins gegen den Mißbrauch geistiger Getränke" in Kassel, an der August Lammers wiederum beteiligt war.

August Lammers starb am 28. Dezember 1892 in Bremen, von Freunden, aber auch politischen Gegnern in seinem wohltätigen Bemühen allseits anerkannt und gewürdigt.

Der Hintergrund

August Lammer hält seine Rede über die Geschichte des Freihandels im Jahre 1869. Zwei Jahre vorher ist der Norddeutsche Bund gegründet worden, in dessen Reichstag die Liberalen – die Deutsche Fortschrittspartei und die Nationalliberalen, zu denen August Lammers zählte – die stärkste Richtung darstellten. Allgemein war der Zeitgeist liberalen Zielen, besonders auf wirtschaftlichem Gebiet gewogen. Otto Bismarck, preußischer Ministerpräsident und Bundeskanzler des Norddeutschen Bundes, war bis dahin alles andere als ein Liberaler gewesen, gab aber der Stimmung nach. Liberal gesinnte Minister wurden in die Regierung berufen und Rudolph von Delbrück leitete das Bundeskanzleramt, in das auch bekannte Freihändler wie Otto Michaelis berufen wurden.

Regierung, Parlament und auch Öffentlichkeit waren sich in der Zeit einig, daß das entstehende Deutschland einer umfassenden Liberalisierung bedurfte. Binnen kurzer Zeit wurden Reformen in fast allen Bereichen durchgeführt, die im Wesentlichen Forderungen des Kongresses deutscher Volkswirte umsetzten. Eines der Hauptanliegen des Kongresses war dabei der Freihandel gewesen. Mit Handelsverträgen, aber auch dem einseitigen Abbau von Zöllen wurde in diesem Bereich das liberale Programm mehr und mehr verwirklicht.

August Lammers ordnet diese Entwicklung in seinem Vortrag in einen geschichtlichen Rahmen ein. Er ahnt dabei nicht, daß die liberale Wirtschaftspolitik aus Sicht von Bismarck nur eine opportunistische ist und weniger als ein Jahrzehnt später wieder zur Disposition gestellt werden wird. Vielmehr scheint August Lammers hier von der Unwiderstehlichkeit der freihändlerischen Argumente überzeugt zu sein, was sich auch an den zwar nicht ganz falschen, aber doch zu optimistischen Aussagen über die zukünftige Zollpolitik der USA ablesen läßt.

Die geschichtliche Darstellung des Freihandels beginnt, abgesehen von den theoretischen Vorarbeiten der klassischen Ökonomen, für Lammers mit den preußischen Reformen zum Anfang des 19. Jahrhunderts. Das ist eine ganz übliche Sichtweise für die deutschen Freihändler der Zeit. Auf diese Weise kann der Freihandel auch als eine deutsche Errungenschaft geschildert werden. Natürlich nehmen dann aber die großen Freihändler Richard Cobden und John Bright und die von ihnen geleitete „Anti-Corn Law League" einen breiten Raum in der Darstellung ein, ebenso wie ihr französischer Anhänger und Popularisierer Frédéric Bastiat, der in Übersetzung gerade in Deutschland viel gelesen wurde. August Lammers legt dabei nicht allein auf den wirtschaftlichen Aspekt wert, sondern teilt auch die weitergehende Sichtweise der britischen Freihändler, die den Freihandel aus einer humanen Gesamtsicht heraus verstanden und als Mittel ansahen, die Völker einander näherzubringen und damit den gemeinsamen friedlichen Interessen zum Durchbruch zu verhelfen.

Zur Edition

Die hier vorliegende Neuausgabe orientiert sich am Original von 1869, das durch die C. G. Lüderitz'sche Verlagsbuchhandlung von A. Charisius in Berlin veröffentlicht wurde. Zugleich handelte es sich auch um das 85. Heft (IV. Serie) in der „Sammlung gemeinverständlicher wissenschaftlicher Vorträge", die von Rudolf Virchow und Franz von Holtzendorff herausgegeben wurden.

Eine Paginierung ist in klein gesetzten eckigen Klammern im Text vermerkt, wobei bei Worttrennungen ein Bindestrich auch nach der Seitenzahl eingefügt wurde. Hierbei sind sowohl die Seitenzahlen des Separatdrucks (ab Seite 3) und des Gesamtwerks (ab Seite 461) vermerkt.

Sperrungen und andere Formatierungen wurden nachgeahmt. Nichtkursive Fußnoten stammen aus dem Original. Kursive Fußnoten enthalten hingegen Anmerkungen und Erläuterungen des Herausgebers. Bei der Kommentierung wurden dabei im Zweifelsfall eher zu viele als zu wenige Worte und Sachverhalte aufgegriffen, weil für heutige Leser manches vielleicht nicht mehr unmittelbar verständlich ist und keine hohen Anforderungen an das Hintergrundwissen gestellt werden sollten.

Die

geschichtliche Entwicklung

des

Freihandels.

Von

A. Lammers.

[3/461] Was ist Freihandel? Die Frage läßt sich nicht so leicht beantworten, als es scheinen mag. Der Eine versteht darunter die Abwesenheit von Schutzzöllen[1], der Andere keine hohen Zölle überhaupt, der Dritte gar keine Zölle. Als die Idee zuerst in einiger Reinheit und Vollkommenheit auftauchte, bei den französischen Physiokraten[2], richtete sie sich gegen diejenigen

---

[1] *Ein „Schutzzoll" hat das Ziel, die inländischen Produzenten vor ausländischer Konkurrenz zu „schützen", was effektiv bedeutet, daß inländische Konsumenten zu erhöhten Preisen kaufen müssen und so die inländischen Produzenten subventionieren. Jeder Zoll, wenigstens auf Waren, die im Inland überhaupt hergestellt werden, hat diesen Effekt. Bei einem Schutzzoll steht dieser allerdings im Vordergrund, bis hin zu so hohen Zöllen, daß ausländische Konkurrenz ganz vom inländischen Markt ausgeschlossen wird. Zölle, deren Hauptziel die Generierung von Einnahmen für den Staat, analog zu Steuern im Inland, ist, werden „Finanzzölle" genannt.*

[2] *Die Physiokraten waren eine der ersten wirtschaftswissenschaftlichen Schulen, die im 18. Jahrhundert durch François Quesnay (1694-1774) im Zeitalter der Aufklärung gegründet wurde. Ihre Grundannahme war, daß allein die Natur (Physiokratie = Herrschaft der Natur) den Reichtum eines Landes hervorbringt, welcher von anderen Wirtschaftszweigen nur umgeformt wird. Wichtige Vertreter der Schule waren Richard Cantil-*

August Lammers

Zölle, welche Colbert[1] zum Zwecke der Entwicklung einer ausgedehnten Industrie in Frankreich eingeführt hatte. Die erste und bis jetzt einzige große und populäre Bewegung dagegen, welche den Freihandel zum ausgesprochenen Ziele nahm, war gegen die der einheimischen Landwirthschaft zu Gute kommenden englischen Kornzölle gerichtet[2]. Ja der Begriff beschränkt sich thatsächlich nicht einmal auf Zölle und Waaren. In Australien versteht man unter Freihändlern diejenigen, welche nicht wollen, daß gesetzliche oder

---

lon (1680-1734), Anne Robert Jacques Turgot (1727-1781) und Honoré Gabriel de Riqueti, comte de Mirabeau (1749-1791).

[1] Jean-Baptiste Colbert, Marquis de Seignelay (1619-1683) war ein französischer Staatsmann und der Begründer des Merkantilismus. Unter König Ludwig XIV. von Frankreich war er Finanzminister.

[2] Unter der Kontinentalsperre, der Blockade Großbritanniens durch die von Napoleon beherrschten Staaten des Kontinents, war es zu einer Ausdehnung der britischen Landwirtschaft gekommen, was nach dem Sieg über Napoleon und wieder ungehindertem Handel zu einem starken Einbruch führte. Auf Druck landwirtschaftlicher Interessen wurden deshalb 1815 die „Corn Laws" erlassen, die durch Zölle den Preis für Getreide („corn" stand für alle Arten von Getreide) hochhalten sollten. Bezahlt wurden die hohen Preise besonders von denen, die einen großen Teil ihres Einkommens für Lebensmittel aufbringen mußten, also vor allem von den ärmeren Schichten in Großbritannien. Hiergegen formierte sich 1838 die Anti-Corn Law League, die 1846 die Abschaffung der Kornzölle durchsetzen konnte. Siehe auch die Schilderungen im folgenden Text.

2

polizeiliche Vorkehrungen getroffen werden, um den Zufluß von chinesischen Arbeitern abzuhalten.[1]

Wozu man übrigens im fünften Welttheil den Namen auch umstempeln mag, uns Europäern wird er noch lange vorzugsweise das Gegentheil von Zollschutz[2] bedeuten. An diesem Gegensatz hat der Begriff des Freihandels sich zu seiner heutigen Weltkundigkeit[3] emporgerungen. Er ist dann freilich, für Anhänger wie für Gegner, zum Mittelpunct und Kern einer ganzen Weltanschauung geworden; man spricht von Ausflüssen der freihändlerischen Lehre, wo nicht einmal internationaler Verkehr, geschweige [4/462] denn Zölle oder gar Schutzzölle, im Spiele ist.[4] Aber das

---

[1] *Im Jahre 1851 wurden in Australien große Goldvorkommen gefunden. Dies führte zu einer massiven Einwanderung, die die Bevölkerung binnen zwei Jahrzehnten verdreifachte. Feindselig wurden dabei chinesische Einwanderer aufgenommen. Bereits 1855 erließ die Kolonie Victoria (Australien war zu der Zeit kein einheitlicher Staat) restriktive Gesetze, die gegen die Chinesen gerichtet waren und darin bestanden, daß Eintritts- und Aufenthaltsgebühren erhoben wurden. Außerdem wurden die Chinesen durch weitere Gesetze auch in anderen Hinsichten benachteiligt, etwa bei der Einbürgerung, dem Wahlrecht oder dem Recht, nach Gold zu suchen. Andere Kolonien in Australien folgten dem Beispiel, wobei es allerdings auch immer wieder dazu kam, daß die Restriktionen abgeschafft oder ausgesetzt wurden.*

[2] *Protektionismus.*

[3] *weltkundig: in der ganzen Welt bekannt.*

[4] *Die führenden Freihändler wie Richard Cobden oder John Bright verbanden mit dem Freihandel im engen Sinne ein umfassendes Programm, das etwa auch Abrüstung, friedliche Bei-*

sind nur die natürlichen Ausstrahlungen jeder mächti-
gen, ihre Zeit beherrschenden Idee. Aehnliches läßt
sich ja z. B. in der Naturwissenschaft an der Darwin'schen Lehre beobachten, die trotz der vorsichti-
gen Selbstbescheidung ihres Urhebers ringsum Gebiete ergriffen hat, mit denen sie von Haus aus nichts zu
thun hatte.

Wie es aber Darwinianer vor Darwin gegeben
hat — Lamarck[1], Goethe[2], Geoffroy St. Hilaire[3] u. s. f.
—, so, kann man sagen, hat es auch vor dem Freihan-

---

*legung von internationalen Konflikten durch Schiedsgericht oder
eine sparsame Staatsverwaltung umfaßte. In Deutschland vertrat die sogenannte „Freihandelspartei" (keine Partei im engen
Sinne, sondern als politische Richtung verstanden) mit dem
Freihandel auch Forderungen nach Freizügigkeit oder Gewerbefreiheit.*

[1] *Jean-Baptiste Pierre Antoine de Monet, Chevalier de Lamarck
(1744-1829) war ein französischer Botaniker und Zoologe.*

[2] *Goethe versuchte, die unterschiedlichen Pflanzenarten auf eine
gemeinsame Grundform, die "Urpflanze", zurückzuführen, aus
der sich sämtliche Arten entwickelt haben sollten. Außerdem
nahm er an, daß die Teile der Blüte und die Frucht umgebildete
Blätter darstellten. Die Ergebnisse veröffentlichte er in der
Schrift „Versuch die Metamorphose der Pflanzen zu erklären"
(1790). Die Bedeutung von Goethe für die Entwicklung des bio-
logischen Denkens wird hier aus deutscher Sicht überschätzt.*

[3] *Étienne Geoffroy Saint-Hilaire (1772–1844) war ein französischer Zoologe. Denkbar, aber weniger wahrscheinlich wäre als
Bezug auch sein Sohn Isidore Geoffroy Saint-Hilaire (1805–
1861), der ebenfalls Zoologe war.*

del schon freihändlerische Handlungen und Anschauungen gegeben. Einige der ersteren sind nicht sowohl durch Bewunderer als durch leidenschaftliche Ankläger unsterblich geworden; dahin gehört der englisch-portugiesische Handelsvertrag von 1703[1], den Lord Methuen[2] mit Hilfe der Weinbergbesitzer Portugals durchsetzte gegen eine zwanzig Jahre früher unternommene Nachahmung der industrieschöpferischen Maßregeln Colbert's, und den Fr. List[3] dann förm-

---

[1] *Gemeint ist der nach dem Unterhändler, dem englischen Politiker John Methuen, benannte "Methuenvertrag", der am 27. Dezember 1703 zwischen England und Portugal in Lissabon abgeschlossen wurde. Danach durfte England ohne Hindernisse und zu Vorzugszöllen Textilien nach Portugal und in die portugiesischen Kolonien exportieren, während Portugal ebenso ungehindert seine Produkte nach England ausführen konnte, insbesondere Portwein und andere Weine.*

[2] *Sir Paul Methuen (1672-1757) war ein englischer Diplomat und Politiker.*

[3] *Daniel Friedrich List (1789-1846) war ein Wirtschaftstheoretiker, Unternehmer, Diplomat und Eisenbahn-Pionier. In seinem Hauptwerk "Das nationale System der politischen Ökonomie" von 1841 entwickelte er die Theorie, daß Volkswirtschaften durch verschiedene Stadien gehen. Die höchste Stufe sei dabei die der "Agrikultur, Manufaktur und des Handelsstandes", die in England erreicht sei, während Länder wie Deutschland nur bis zur Stufe der "Agrikultur und Manufaktur" gekommen seien. Eine weitere Entwicklung, so fürchtete List, werde durch die Überlegenheit Englands unterbunden, womit man auf Dauer zweitklassig bleiben werde. Dagegen empfahl er "Erziehungszölle", d. h. Protektionismus für neu entstehende Industrien, wodurch diese sich ohne Konkurrenz entwickeln könnten. Diese Theorie war in Deutschland, aber auch in den USA einflußreich.*

lich ausgequetscht hat, um an ihm die tückisch selbst-
süchtige Handelspolitik der Engländer nachzuweisen.[1]
Es ist mit dieser sogenannten englischen Handelspolitik, dem ewigen Popanz[2] deutscher und französischer
Schutzzöllner, ähnlich wie mit der von Urquhart[3]
und seiner Schule denuncirten russischen Eroberungs-
politik. Unbefangen betrachtet, hat sie gar nicht den
ihr schaudernd zugeschriebenen dämonischen Zusammenhang durch Jahrzehnte und Jahrhunderte. Sie
gehorcht dem Gesetz des Wechsels gleich allem
Menschlichen. Lord Methuen war natürlich noch
ein ganz naiver Freihändler, der einfach den Vortheil
seines Landes darin sah, wenn britische Zeuge[4] gegen

Siehe dazu auch die Aussagen von Lammers weiter unten.

[1] *Die Behauptung ist dabei, daß England durch den erleichterten Handel mit Portugal dessen technologische Entwicklung verhindert habe und das das wahre Ziel des Vertrags gewesen sei. Tatsächlich entwickelten sich in Portugal aber durchaus Industrien wie etwa die Porzellanherstellung.*

[2] *Schreckgestalt.*

[3] *David Urquhart (1805-1877) war ein schottischer Politiker und Publizist. In seinem Reisewerk "Observations on European Turkey" vertrat er die Ansicht, daß die orientalische Politik Rußlands die Interessen Großbritanniens gefährde und das Osmanische Reich erhalten werden müsse. 1835 wurde er von Lord Palmerston zum Gesandtschaftssekretär in Konstantinopel ernannt. Richard Cobden kritisierte die Ansichten von Urquhart in seiner Schrift "England, Ireland, and America".*

[4] *Zeug: Tuch, Stoff.*

Die geschichtliche Entwicklung des Freihandels

Portwein ausgetauscht werden konnten, und diesen Vortheil verfolgte ohne Ahnung des großen Gedankens zukünftiger Geschlechter[1], welchem er so seine Huldigung darbrachte. Selbst die Vorläufer der modernen Nationalökonomie, die Physiokraten Quesnay[2], Turgot[3] u. s. f. stellten die Forderung des Freihandels noch mehr zufällig auf. Sie [5/463] entsprang ihrer geringen Meinung von der bisher u. a. durch Zollschutz emporgetriebenen Industrie im Gegensatz zu der Bewirthschaftung des Bodens. Sie war also gewissermaßen ein Ausfluß der Geringschätzung, während Adam Smith[4], indem er die Wirthschaftslehre als Wissenschaft begründete[5], die Freiheit des Austausches zwischen den verschiedenen Völkern in ihrem vollen positiven Werthe erfaßte und zu einem Grundpfeiler seines unvergänglichen Gedankenbaus erhob.[6]

---

[1] Generation.

[2] François Quesnay (1694–1774) war ein französischer Arzt und Ökonom. Er begründete die physiokratische Schule der Ökonomie und war einer der aufklärerischen Enzyklopädisten.

[3] Anne Robert Jacques Turgot (1727–1781) war ein französischer Staatsmann und Vertreter der vorklassischen Ökonomie.

[4] Adam Smith (1723-1790) war ein schottischer Moralphilosoph, Aufklärer und gilt als Begründer der klassischen Nationalökonomie.

[5] insbesondere durch sein Hauptwerk „An Inquiry into the Nature and Causes of the Wealth of Nations" aus dem Jahre 1776.

[6] Adam Smith ging für den internationalen Handel von einem

Damit war die Freihandels-Idee theoretisch geboren. Eine Art praktischer Verwirklichung aber sollte sie zuerst merkwürdiger Weise nicht in England oder Frankreich finden, den Heimatstätten der modernen Nationalökonomie, sondern in Preußen, wo die Lehren von A d a m   S m i t h früh eine förmliche Schule von Professoren und Staatsmännern begründeten. Sie verflochten sich innig mit den übrigen Ideen der Wiedergeburt, aus denen die Herstellung des zertrümmerten preußischen Staats[1], die Befreiung des Vaterlandes von fremdem Joche[2] hervorging, und schufen, den

---

Prinzip absoluter Vorteile aus, das das Prinzip komparativer Vorteile (zuerst formuliert von Robert Torrens 1808) vorbereitete und der vorherigen merkantilistischen Sichtweise widersprach: " If a foreign country can supply us with a commodity cheaper than we ourselves can make it, better buy it of them with some part of the produce of our own industry employed in a way in which we have some advantage. The general industry of the country, being always in proportion to the capital which employs it, will not thereby be diminished ... but only left to find out the way in which it can be employed with the greatest advantage."

[1] *In der Schlacht bei Jena und Auerstedt am 14. Oktober 1806 während des Vierten Koalitionskrieges wurden die preußischen und sächsischen Armeen von Napoleon geschlagen und lösten sich danach im Chaos auf. Am 27. Oktober 1806 zog Napoleon in Berlin ein. Preußen wurde zu hohen Kriegskontributionen verpflichtet, sodaß der Staat fast bankrottging. Außerdem wurde das preußische Heer abgerüstet. Als Reaktion auf die katastrophale Niederlage wurden weitreichende Reformen eingeleitet, mit denen das rückständige Land modernisiert werden sollte.*

[2] *Vorherrschaft von Frankreich.*

Die geschichtliche Entwicklung des Freihandels

reactionären Rückstoß von 1815[1] noch eine Weile
überdauernd, das unter dem Vorsitz W. v. Humboldt's[2] im Staatsrath[3] festgestellte, sonst vornehmlich an Maaßen's[4] Namen geknüpfte Freihandelsgesetz vom 26. Mai 1818[5], ein ruhmvolles Denkmal
preußischer Finanzweisheit.

Dieses Gesetz gewährte nicht allein im Innern des
vergrößerten Staatsgebiets völlige Freiheit des Verkehrs von Binnenzöllen u. dgl. Es stellte die Handelsfreiheit vielmehr geradezu als den Grundsatz hin, nach
welchem auch die Beziehungen zu anderen Staaten
geregelt werden sollten. Dem entsprechend bemaß es
die zu erhebenden Grenzzölle denn auch niedrig genug, nämlich mit zehn Procent des Werthes ausländischer Fabrikproducte als Regel, zuschläglich eines

---

[1] *Nach der Niederlage von Napoleon wurde durch den Wiener
Kongreß die Nachkriegsordnung festgelegt. In der folgenden
Restaurationszeit wurde versucht, die vorrevolutionäre Ordnung
wiederherzustellen und zu erhalten. Modernisierungen wurden
wieder zurückgenommen und jegliche Opposition unterdrückt.*

[2] *Wilhelm von Humboldt (1767–1835) war ein deutscher
Staatsmann, Sprachwissenschaftler und Bildungsreformer.*

[3] *Der Preußische Staatsrat war von 1817 bis 1918 ein Beratungsgremium der Krone Preußens.*

[4] *Karl Georg Maaßen (1769-1834) war ein preußischer Jurist,
Politiker und ein Mitinitiator des Deutschen Zollvereins.*

[5] *Preußen verwirklichte mit dem „Handels- und Zollgesetz vom
26. Mai 1818" ein einheitliches Zollgebiet ohne Binnenzölle.*

Gewichtszolls von einem halben Thaler[1] für den Centner. Erst nachdem so der Geist der preußischen Handelspolitik gesetzlich niedergelegt worden war, machte man sich an die weitere Aufgabe, ihr das übrige Deutschland [6/464] anzuschließen, friedlich zu erobern. Der preußische Tarif[2] von 1818 blieb für geraume Zeit ein Vorbild, nach welchem aufgeklärte europäische Staatsmänner wie z. B. Huskisson[3] in England strebten und hinwiesen.

Ziemlich zu gleicher Zeit hatte am entgegengesetzten Ende des Welttheils ein anderer Jünger von Adam Smith, Don Manuel Garay[4] in Madrid, als Finanzminister Ferdinands des Siebenten[5] die Wahrheit der Freihandelslehre zum Ausgangspunkt für eine gründliche Hebung des zerrütteten spanischen Nationalhaushalts ausersehen. Aber er scheiterte an der bodenlosen Unzuverlässigkeit seines Herrn und an

---

[1] *Nach Einführung der Mark entsprach ein Taler drei Mark. Die Kaufkraft ist nur schwer anzugeben, läge aber von der Größenordnung her bei etwa 30 bis 60 Euro heute.*

[2] *Zollsätze.*

[3] *William Huskisson (1770-1830) war ein britischer Politiker. Er unterstützte den Bau der "Liverpool and Manchester Railway". Bei deren Eröffnung wurde er von einer Lokomotive erfaßt und erlag kurz darauf seinen Verletzungen.*

[4] *Gemeint ist wohl Martín de Garay y Perales Martínez de Villela y Franco (1771-1822).*

[5] *Ferdinand VII. (1784-1833) war König von Spanien im Jahre 1808 sowie von 1814 bis 1833.*

Die geschichtliche Entwicklung des Freihandels

der ungeheuren sachlichen Schwierigkeit der Aufgabe; erst die jüngste Umwälzung von 1868[1] hat ihm in dem jetzigen Finanzminister Figuerola[2] einen Nachfolger gegeben, der dieselbe Idee unter günstigeren Auspicien bekennt[3].

Preußens östliches Nachbarland dahingegen, Rußland, ging im Jahre 1821 unter dem Finanzminister Cancrin[4], zu seinem ebenfalls bis heute fast unverändert festgehaltenen Prohibitivsystem[5] über.

Dafür schickte sich nun England an, die Ergebnisse seiner gelehrten Forscher auf die überlieferte Gesetzgebung anzuwenden. Dasselbe Ministerium[6], welches unter Canning's[7] Führung mit der Politik der

---

[1] *Im September 1868 wurde Königin Isabella II. durch einen von Cádiz ausgehenden Staatsstreich des liberalen Generals Juan Prim und des Admirals Juan Bautista Topete abgesetzt. Der Thron blieb zunächst vakant.*

[2] *Laureano Figuerola Ballester (1816-1903) war ein spanischer Anwalt, Ökonom und Politiker.*

[3] *Bekenner: Anhänger (meist im religiösen Sinne).*

[4] *Georg Cancrin (1774–1845) war ein deutsch-russischer General und Staatsmann.*

[5] *Zollsätze, die so hoch sind, daß sie effektiv einem Verbot der Einfuhr gleichkommen, oder ein explizites Verbot der Einfuhr.*

[6] *Das „Ministerium" ist das, was man heute die Regierung nennen würde.*

[7] *George Canning, (1770–1827) war britischer Außenminister und kurzzeitig bis zu seinem Tod Premierminister.*

Heiligen Allianz[1] brach, that durch Huskisson die ersten entschlossenen Schritte auf der Bahn zum Freihandel.[2] Gegen das Ende des zweiten Jahrzehnts dieses Jahrhunderts litt England an Nothzuständen; eine der abstellbaren Ursachen derselben lag unzweifelhaft in der außerordentlichen Beschränkung des auswärtigen Handels durch Verbote und verbotähnlich wirkende Zölle, und eine Anzahl Londoner Kaufleute, denen ihre tägliche Beschäftigung die Erkenntniß dieser Wahrheit besonders nahe legte, wendeten sich im Mai 1820 mit einer dagegen gerichteten Bittschrift ans Parlament. Ihr Verfasser war Th. Tooke[3], der später die berühmte „Geschichte der Preise"[4] ver-[7/465]-öffentlicht hat. Die Regierung zeigte sich der Einlei-

---

[1] *Die Heilige Allianz war das am 26. September 1815 abgeschlossene Bündnis von Rußland, Österreich und Preußen nach dem Sieg über Napoléon Bonaparte, dem 1818 auch Frankreich beitrat. Ziel war die Restauration der vorrevolutionären Ordnung und die Unterdrückung oppositioneller Bewegungen.*

[2] *Huskisson hatte bei deren Einführung 1815 die Kornzölle unterstützt, bewegte sich aber von dieser Position weg. 1821 setze er sich dafür ein, den Zollschutz zu lockern, mit dem Ziel, ihn ganz aufzuheben. Ein erster Schritt war der „Importation Act" von 1822. 1827 folgte ein Gesetzentwurf, mit dem aus einem festen Zoll ein variabler Zoll wurde, der sich an die wirtschaftliche Lage anpaßte. Dies wurde 1828 mit dem „Importation of Corn Act" umgesetzt.*

[3] *Thomas Tooke (1774-1858) war ein englischer Ökonom.*

[4] *"History of Prices and of the State of the Circulation during the Years 1793–1856" (6 Bände, 1838–1857).*

tung einer parlamentarischen Untersuchung geneigt; erst das Oberhaus, dann das Unterhaus ernannte dazu jedes seinen besonderen Ausschuß. Auf Grund der Berichterstattung dieser Ausschüsse nahm H u s k i s - s o n als Präsident des Handels-Amts[1] von 1823 bis 1826 durchgreifende Reformen vor. Er begann mit der Aufhebung der Salzsteuer, welche 13 Schilling für den Buschel[2] betragen und zuletzt über 9,373,000 Thaler eingebracht hatte, Seine Herabsetzungen und Aufhebungen von Zöllen betrafen meist Rohstoffe, wie Seide, Wolle, Kohlen, Taback, Kaffee, Wein, Rum u. s. f. Ferner wurde der Wust[3] der bestehenden zahllosen Zollgesetze, die man im Jahre 1810 nach fünfjähriger Arbeit auf 1100 Seiten zusammengedrängt hatte, im Jahre 1825 zu elf Statuten verdichtet, von denen das erste vierhundert alte Statute aufhob. Dasselbe Jahr sah Zölle zum Gesammtertrage von 18,460,000 Thalern fallen. Aber H u s k i s s o n starb bekanntlich, wie C a n n i n g, sehr bald, nachdem er den Gipfel seiner Laufbahn erreicht hatte,[4] und zwar auf der neueröffne-

---

[1] *Huskisson war vom 21. Februar 1823 bis zum 4. September 1827 "President of the Board of Trade" (Vorläufer des heutigen "Principal Secretary of State for Business, Innovation and Skills").*

[2] *Raummaß (im Deutschen: Scheffel) mit einem Volumen von 36,3687 Litern.*

[3] *unübersichtliche Menge.*

[4] *Canning starb 1827, Huskisson 1830.*

ten Manchester-Liverpooler Eisenbahn[1], ein zufälliges Opfer[2] der großen Neuerung, welche die Kraft der Freihandels-Idee verzehnfachen sollte. Für länger als ein Jahrzehnt gerieth nach ihm die englische Zollreform ins Stocken.

Wie sie wieder aufgenommen wurde, geschah es nicht mehr vermöge[3] der erleuchteten Initiative eines einzelnen Staatsmanns oder aus dem ruhigen Getriebe parlamentarischer Untersuchungen und Verhandlungen heraus, sondern durch den unwiderstehlichen Druck einer Bewegung im Volke. Die Anti-Corn-Law-League[4] hatte ihre gewaltigen Sturmböcke[5] und Mauerbrecher angesetzt.

---

[1] *Die erste öffentliche Eisenbahn wurde 1825 in England (Stockton and Darlington Railway) eröffnet, die erste Verbindung in Deutschland war die 1835 zwischen Nürnberg und Fürth. Die Verbindung zwischen Manchester und Liverpool wurde 1830 eingeweiht.*

[2] *Es handelt sich wohl um eine Übersetzung aus dem Englischen mit der Doppeldeutigkeit von „accident" als Zufall und Unfall. Gemeint ist eher ein Unfall. Huskisson wurde bei der Einweihung der Bahn von einer Lokomotive erfaßt und erlag wenig später seinen Verletzungen.*

[3] *durch.*

[4] *Die „Anti-Corn Law League" wurde 1838 in Manchester begründet. Sie setzte sich in den folgenden Jahren für die Abschaffung der Kornzölle und allgemein für den Übergang zum Freihandel ein.*

[5] *Rammbock, mit dem Mauern oder Tore eingerissen werden.*

Die geschichtliche Entwicklung des Freihandels

Die Kornzölle, deren Zweck war, den englischen Pächtern einen gewissen festen Preis für ihr Getreide, und dadurch mittelbar den Grundherren hohe, pünctlich eingehende Pachtgelder zu sichern, waren früh in weiteren Kreisen als eine Ursache öffentlicher Noth erkannt worden. Als nach der französischen Juli-[8/466]-Revolution[1] der widerstrebenden Aristokratie die Reform des Parlaments-Wahlrechts[2] abgetrotzt worden war, begann man hier und da zu hoffen, ihr auch den Zollschutz abzuringen, mittelst dessen sie den Schweiß der Massen im Preise drückte, um die andere Schale der Waage, in welcher ihr Grundbesitz lag, hoch schwebend zu erhalten. Es bildete sich 1836 in London eine Anti-Corn-Law-Association, Verein gegen die Kornzölle, der jedoch wenig ausrichtete. Besser, und in der That beispiellos glückte es der im Herbst 1838 zu Manchester gegründeten Anti-Corn-Law-League[3], Bund gegen die Kornzölle. Zu seiner Gründung hatte es den äußeren Anstoß gegeben, daß während ein nasser Sommer den Weizenpreis auf das Doppelte des Jahres 1836 trieb, ein bekannter freihändlerisch gestimmter Staatsbeamter, der auch in

---

[1] Mit der Juli-Revolution von 1830 wurde der bourbonische König Karls X. gestürzt und durch Louis Philippe von Orléans ersetzt.

[2] Unter dem vorherigen Regime gab es weniger als 100.000 Wähler in Frankreich. Unter der Herrschaft von Louis Philippe verdoppelte sich die Zahl, war aber aufgrund hoher Anforderungen weiterhin nur sehr beschränkt.

[3] Die englische Schreibweise ist zumeist: Anti-Corn Law League.

August Lammers

Deutschland für den Freihandel Propaganda zu machen versucht hat, Dr. J o h n B o w r i n g[1], auf der Durchreise durch Manchester mit dortigen Gesinnungsgenossen zusammentraf und die brennende Frage erörterte. Aber nur sieben Männer bildeten den ersten Kern des Bundes, unter denen der bekannteste A r c h i b a l d P r e n t i c e[2], Herausgeber der Manchester Times[3], war. Durch ihn wird wohl C o b d e n[4] herangezogen worden sein, der in der Handelskammer von Manchester bereits eine Agitation gegen die Kornzölle empfohlen hatte. J o h n B r i g h t[5], der andere der beiden großen Dioskuren[6] des Freihandels,

---

[1] Sir John Bowring (1792-1872) war ein britischer Staatsmann, Reisender und Schriftsteller. Er gab die Werke des Philosophen und Politikers Jeremy Bentham heraus.

[2] Archibald Prentice (1792–1857) war ein schottischer Journalist, Reformer und Vertreter der Mäßigkeitsbewegung.

[3] Die "Manchester Times" war eine Wochenzeitung, die von 1828 to 1922 erschien und der Freihandelsbewegung nahestand.

[4] Richard Cobden (1804-1865) war ein radikaler Politiker und neben John Bright der bedeutendste Führer der Anti-Corn Law League und der Freihandelsbewegung.

[5] John Bright (1811-1889) war einer der Führer der Freihandelsbewegung und ein radikaler Politiker. Er arbeitete eng mit Richard Cobden zusammen, mit dem er oft in einem Atemzug genannt wurde.

[6] Die Dioskuren (Söhne des Zeus) waren in der griechischen Mythologie die Halb- und Zwillingsbrüder Kastor und Polydeukes (lateinisch: Castor und Pollux). Im übertragenen Sinne wird so

trat erst etwas später hinzu. Er interessirte sich damals besonders für ein System nationalen Unterrichts im Gegensatz zu dem herkömmlichen System bloßen Privatunterrichts[1]; und als er eines Tags den ihm damals noch nicht bekannten C o b d e n aufsuchte, um ihn für eine deswegen in Rochdale[2] abzuhaltende Versammlung anzuwerben, sagte dieser zwar nicht Nein, gewann aber seinerseits den jungen Nachbar für die Freihandels-Agitation.

Das Beispiel Manchesters steckte die übrigen Großstädte des Landes rasch an: fast in allen bildeten sich gleiche Vereine. Schon im Beginn des nächsten Jahres, 1839, konnte man Abgeordnete [9/467] derselben nach London berufen, um aus so und so viel Einzelvereinen den nationalen Bund erwachsen zu lassen. Sie baten um Gehör vor den Schranken des Unterhauses, um im Schoße dieser eigentlich regierenden Körperschaft des Staats das Gewicht der einzigen Stimme, welche sich dort seit Jahren folgerichtig für ihre Sache erhoben hatte, des Abgeordneten V i l l i e r s[3], zu ver-

---

ein unverbrüchliches Freundespaar bezeichnet.

[1] *In England gab es zu der Zeit keine Schulpflicht und kein staatliches Schulsystem. Auch Richard Cobden befürwortete die Einführung eines Systems wie in den USA, wo die Schulen von den Gemeinden betrieben wurden.*

[2] *Rochdale ist eine Stadt im Nordwesten von England, die heute zum Metropolitan County Greater Manchester gehört.*

[3] *Charles Pelham Villiers (1802-1898) war ein britischer Anwalt und Politiker, der sich insbesondere für den Freihandel im Parlament einsetzte, welchem er von 1835 bis 1898 angehörte.*

stärken. Wie sich denken ließ, wurde ihr Begehren abgewiesen; indeß erklärte Cobden öffentlich, sie verzweifelten darum an ihrer Sache nicht, denn hinter ihnen ständen drei Millionen Menschen der großen Städte Englands, deren Bündniß zu einem Hansabund[1] wider die Ritter vom Kornzoll ausschlagen werde. Die Begründung einer nationalen Liga mit dem Sitz in Manchester wurde beschlossen.

Von nun an begann die systematische Agitation. Unter der geschickten Leitung von George Wilson[2] wurde sie ganz geschäftsmännisch betrieben, als handle es sich um die allein durch Pünctlichkeit[3] und äußersten Nachdruck zu sichernden mercantilen[4] oder industriellen Unternehmungen eines großen Hauses[5]. Das litterarische Organ des Bundes, das Anti-Corn-

---

[1] "Hansebund" ist wohl eine Rückübersetzung von englisch "Hanseatic League". Auf Deutsch spricht man eher von der "Hanse". Sie bestand zwischen der Mitte des 12. Jahrhunderts und der Mitte des 17. Jahrhunderts und reichte von den Niederlanden bis nach Estland. Die ihr angehörenden Städte und Gebiete unterstanden dabei verschiedenen Herrschern, arbeiteten aber zusammen und hatten ein gemeinsames Rechtssystem.

[2] George Wilson (1808–1870) war ein britischer Politiker und der Vorsitzende der Anti-Corn Law League.

[3] „pünktlich" hat auch die Bedeutung von: genau in jedem Punkt (nicht nur zeitlich).

[4] mit dem Handel zusammenhängend.

[5] Unternehmen.

Die geschichtliche Entwicklung des Freihandels

Law-Circular[1], verbreitete sich in 15,000 Exemplaren von Hand zu Hand. Befähigte Redner zogen aus, den heiligen Funken in neue Bezirke und noch uneroberte Orte zu tragen. Es kam dahin, daß das Land in eine Anzahl Regionen abgetheilt wurde, für deren jede ein Professor der Politischen Oekonomie die Aufgabe der freihändlerischen Belehrung und Bekehrung übernahm.

Dabei kamen die jüngsten großen Reformen der Zeit dem Unternehmen wunderbar zu Statten. Die Einführung und rasche Verallgemeinerung der Eisenbahnen[2] erleichterte es den Wortführern der Liga, ihr Evangelium in allen Theilen des Reiches persönlich zu verkündigen. Das Penny-Porto[3], ein Jahr nach ihrer

---

[1] *Der „Anti-Corn Law Circular" erschien von 1839 bis 1841 in Manchester. Sein Nachfolger war der „Anti-Bread Tax Circular", der von 1841 bis 1843 herauskam.*

[2] *Die erste Eisenbahn fuhr 1825, die erste Verbindung zwischen zwei Städten wurde 1830 zwischen Liverpool und Manchester in Betrieb genommen. Bis 1850 hatte Großbritannien bereits ein Schienennetz von 11.000 Kilometern Länge.*

[3] *Der Freihändler Richard Cobden und der Ökonom John Ramsey McCulloch setzten sich ab 1833 für eine Reduktion des Briefportos auf einen Penny ein. Cobden bezeichnete die hohen Kosten zusammen mit dem Zeitungsstempel (Steuer auf Zeitung) als eine "Steuer auf Wissen", die abgeschafft werden müsse. Rowland Hill (1795-1879) brachte die Frage 1837 in einer Kommission, 1838 im Parlament an. Am 10. Januar 1840 wurde die "Uniform Penny Post" in Großbritannien eingeführt. Am 6. Mai 1840 wurden auch die ersten Briefmarken ("Penny Black") verkauft, mit denen das Porto vorausbezahlt werden konnte.*

August Lammers

Begründung von Rowland Hill[1] durchgesetzt, gestattete ihr, mit derselben Summe eine acht- bis neunfach so starke Correspondenz zu bestreiten, wie vorher möglich gewesen wäre, — der Verwohl-[10/468] -feilerung[2] des Zeitungs-Versands nicht einmal zu gedenken. Die Parlaments-Reform von 1832[3] endlich, deren wesentlichster Gewinn in der Ersetzung einer Anzahl sogenannter verfaulter Flecken[4] durch bisher

---

[1] *Rowland Hill (1795-1879) war bis 1833 Lehrer und wurde dann Schriftführer der "Society for the diffusion of useful knowledge". In der Schrift "Post office reform, Its importance and practicability" aus dem Jahre 1837 schlug er eine weitreichende Reform des englischen Postwesens vor, vor allem ein einheitliches Porto von 1 Penny für Briefe bis zum Gewicht von einer halben Unze und, daß der Absender das Porto zahlen sollte. Hierzu erfand er die Briefmarke. Nachdem die Reformen 1840 umgesetzt wurden, trat Hill in den Dienst der Post, für die er bis zu seinem Ruhestand 1864 in führenden Positionen arbeitete.*

[2] *Verbilligung.*

[3] *Gemeint ist der "Representation of the People Act 1832", durch den einerseits die 56 kleinsten Wahlkreise abgeschafft wurden, die nächsten 30 Wahlkreise nur noch einen anstatt zwei Sitze erhielten, andererseits aber auch 130 neue Sitze geschaffen und das Wahlrecht ausgedehnt wurde.*

[4] *In Großbritannien waren die „rotten boroughs" (verrottete Wahlbezirke) solche, die über die Zeit so an Bevölkerung verloren hatten, daß es dort fast keine Wähler mehr gab, etwa die Isle of Wight mit nur 23 Wahlberechtigten. Dennoch hatten sie genauso einen Sitz im Parlament wie manche großen, schnell wachsenden Städte. Der Mißstand wurde mit dem Reform Act von 1832 angegangen. Mit dem Reform Act von 1867 wurden die Wahlbezirke mit der Bevölkerungszahl in Einklang gebracht.*

Die geschichtliche Entwicklung des Freihandels

vom Wahlrecht ausgeschlossene große Fabrikstädte bestand, verschaffte ihren Führern den Eintritt ins Haus der Gemeinen[1]. Bei den Neuwahlen von 1841 erhielt der einsame Streiter Villiers wesentlichen Zuwachs, vor Allen an Cobden, der in Stockport[2] gewählt ward[3].

Inzwischen war die Forderung der Liga schon völlig zur herrschenden Volkssache geworden. Als sie zuerst ausgesprochen wurde, nahmen die Chartisten[4] dieses Vorrecht noch für ihren politischen Radicalismus mit dem allgemeinen Stimmrecht, der geheimen Abstimmung, den kurzdauernden Parlamenten[5] u. s. f. in Anspruch. Sie sahen anfänglich sauer drein, als die Nationalökonomie[6] ihrer Politik den Vorsprung abzu-

---

[1] *House of Commons.*

[2] *Stockport ist heute eine Großstadt im englischen Metropolitan County Greater Manchester.*

[3] *alte Form von: wurde.*

[4] *Die Chartisten waren eine politische Bewegung in Großbritannien in der ersten Hälfte des 19. Jahrhunderts. Ihre Hauptforderung war das allgemeine Wahlrecht. Dieses sollte dazu genutzt werden, Reformen wie die Beschränkung der Arbeitszeit oder ein Verbot der Frauen- und Kinderarbeit durchzusetzen. Es gab zwei Flügel, diejenigen, die sich mit "moral force" (Überzeugungsarbeit), und diejenigen, die sich mit "physical force" (Gewalt) durchsetzen wollten. Zeitweise gerieten die Chartisten mit der Anti-Corn Law League aneinander.*

[5] *Die Chartisten forderten jährliche Wahlen.*

[6] *Die Freihändler wurden in der Zeit oft als „political econo-*

gewinnen drohte, und suchten verschiedentlich die Volksversammlungen der Liga zu stören. Aber der gesunde Menschenverstand der Massen begriff bald, daß sie an billigem Brot noch etwas unmittelbarer interessirt seien als an Veränderungen in der Gestalt der Volksvertretung. Die Chartisten mußten sich's gefallen lassen, für einige Zeit in die zweite Linie der Volksthümlichkeit[1] zurückzutreten.

Von C o b d e n' s Eintritt ins Parlament hofften die geängstigten und erbitterten Gegner, die Schärfe seiner Waffen werde sich in der ungewohnten Umgebung abstumpfen. Hatten sie doch solche Demagogen wie C o b b e t t[2] und H u n t[3] im Unterhause zu völliger Unbedeutendheit zusammenschrumpfen sehen. Aber der Feldherr des Freihandelsheers erwies sich von ge-

---

mists" oder „economists" bezeichnet. Damit war nicht gemeint, daß sie im wissenschaftlichen Sinne Ökonomen waren, sondern daß sie ihre politische Richtung auf den Schriften der klassischen Ökonomen aufbauten. Der „Economist", der im Umfeld der Freihandelsbewegung gegründet wurde, erhielt in diesem Sinne seinen Namen.

[1] Popularität.

[2] William Cobbett (1763-1835) war ein englischer Schriftsteller, Journalist und Landwirt. Er gehörte zu den Radikalen im Parlament und setzte sich für die Reform des Wahlrechts, gegen die Korngesetze und für die Gleichberechtigung der Katholiken ein.

[3] Henry "Orator" Hunt (1773-1835) war ein britischer radikaler Redner und Agitator, der einen großen Einfluß auf den Chartismus hatte. Er setzte sich für eine Reform des Parlaments und gegen die Korngesetze ein.

diegenerem[1] Stoffe. Er war weder ein Virtuos der öffentlichen Rede, dem jeder Grund oder Vorwand zum Sprechen leidlich gleich willkommen gewesen wäre, noch ein Wühler von Profession, daß er die Agitation um ihrer selbst willen geliebt und betrieben hätte; sein Herz gehörte ganz der Sache. Daher, und durch die schmucklos nüchterne Art seiner Beredsamkeit, die sich fast immer lediglich an den [11/469] Verstand der Hörer wendete, wurde er bald zu einem der wirksamsten und beachtetsten Parlamentsredner. Der Uebergang von der Rednerbühne großer Volksversammlungen zu dem Auftreten im Unterhause, wo man von seinem Platze spricht, den Sprecher anredet, nicht die Versammlung, und trotzdem die Traditionen der ältesten und selbstbewußtesten aller gesetzgebenden Körperschaften der Welt zu respectiren hat — dieser Sprung, der selbst in Staaten von weit kürzerer constitutioneller Geschichte schon so manche gepriesene Beredsamkeit in den Sand gesetzt hat, ist von C o b d e n und B r i g h t ohne alle Schwierigkeit zurückgelegt worden. Mit der gleichen Leichtigkeit, wie vor einem beliebigen Meeting, fanden sie hier den richtigen Ton, wechselten je nach Bedürfniß die Bühne und blieben immer Meister. Welche Geltung sie im Unterhause fast auf der Stelle erlangten, beweist am besten eine gewisse durch sie hervorgebrachte Veränderung des herrschenden Tons. Sie hatten der Hochkirche[2]

---

[1] *gediegen: in reinem Zustande.*

[2] *Als „high church" wurde die orthodoxe Richtung in der anglikanischen Kirche bezeichnet, die sich stark an die Formen des Katholizismus anlehnte. Im Gegensatz stand dazu die „low church".*

gegenüber, die als eine rein aristokratische Institution natürlich auch die Kornzölle vertheidigen half, die zahlreichen Dissidenten-Prediger[1] des Landes in Masse auf ihre Seite gebracht. Als C o b d e n dieses Umstandes Erwähnung that und dabei nicht unnatürlicher Weise einen etwas feierlichen Ton anschlug, erscholl Gelächter; man war religiöse Anklänge irgend welcher Art nicht gewohnt und glaubte sie nicht dulden zu sollen. Aber C o b d e n und namentlich B r i g h t, der als Quäker[2] noch innigere religiöse Ueberzeugungen bekannte, setzten es durch ihren Ernst, ihren gesunden Tact und ihre persönliche Würde bald durch, daß die Gemeinen Englands[3] Anspielungen auf religiöse Gefühle, wofern sie nur an sich passend erschienen, fortan mit geziemender[4] Achtung anhörten. Der letzte

---

[1] Die „Dissenters" oder „Nonconformists" waren protestantische Richtungen, die sich einer Integration in die anglikanische Kirche verweigerten. Zu ihnen zählten etwa verschiedene reformierte Gruppen, Baptisten oder Methodisten.

[2] Die "Religious Society of Friends" entstand aus Vorläufern während des Englischen Bürgerkriegs (1642-1651) und wurde von George Fox (1624-1691) begründet. Der Begriff "Quaker" wurde zunächst von ihren Gegnern benutzt, als Anspielung auf die Forderung von George Fox an seine Anhängerm "beim Wort des Herrn zu zittern". Wegen Verfolgungen wanderten viele Quäker nach Amerika aus, wo sie unter anderem Pennsylvania gründeten. Sie vertraten einen weitgehenden Pazifismus und waren an vielen emanzipatorischen Bewegungen beteiligt, etwa der Sklavenbefreiung oder der Gleichberechtigung der Frauen.

[3] die „Commons", das Unterhaus.

[4] ziemen: passen, erlaubt sein, sich gehören.

Die geschichtliche Entwicklung des Freihandels

Sünder gegen diese neue Regel war Lord Palmerston[1], der sich Bright einmal „Se.[2] Ehrwürden"[3] zu nennen gestattete; allein Cobden gab ihm dann eine derbe Lection und der witzige alte Herr hütete sich den Spaß zu wiederholen.

Während aber schon im Parlament für die Sprecher der [12/470] Liga Gehör erstritten war, wurde die Agitation der Meetings keineswegs eingestellt. Im Gegentheil verdoppelten sich diese Versuche, einen überwältigenden Volkschor für die Aufhebung der Kornzölle zu vereinigen, mit jeder neuen Gelegenheit, an welcher sich erkennen ließ, daß die Mehrheit der beiden Häuser und die aus ihr hervorgegangene Regierung noch unbekehrt seien. Eine Opferwilligkeit, die bis dahin ihres Gleichen nicht gehabt hatte, wurde an dieses große Werk gesetzt. 1841 kamen 50—55,000 Thaler zusammen, im folgenden Jahre das Dreifache, 1843 schon 270,000 Thaler, 1844 über eine halbe Million.[4] In Manchester wurde, da die vorhandenen Ver-

---

[1] *Henry John Temple, 3. Viscount Palmerston (1784-1865) war ein britischer Politiker und Premierminister von 1855 bis 1858 und von 1859 bis 1865. Er begann seine Karriere als Tory, wechsele dann aber zu den Whigs, die schließlich in der Liberalen Partei aufgingen. Von 1830 bis 1851 war er Außenminister.*

[2] *Abkürzung bei adeligen Titeln für „Seine".*

[3] *Ansprache für einen Geistlichen (englisch: „reverend").*

[4] *Nach Einführung der Mark entsprach ein Taler drei Mark. Die Kaufkraft ist nicht einfach in heutigem Geld anzugeben, läge aber ungefähr im Bereich von 30 bis 60 Euro. Bedenkt man, daß Großbritannien viel ärmer als heute war, so handelte es sich um*

August Lammers

sammlungsräume nicht länger ausreichten, eine eigene Freihandelshalle[1] erbaut. In London miethete man den ganzen Winter 1844/45 hindurch für jeden Mittwoch-Abend die Theater Drury-Lane[2] und Covent-Garden[3], um das Volk der Hauptstadt mit dem entschlossenen Willen der Liga zu erfüllen. Nachher folgte in letzterem Gebäude ein kolossaler Bazar[4], in welchem vierhundert Damen zu Gunsten der Bundescasse die Verkäuferinnen spielten und von 125,000 Besuchern 160—170,000 Thaler einnahmen.

Die Frauen spielten bei dieser Agitation überhaupt eine Rolle. Wie jede Bewegung in civilisirten christlichen Nationen, welche tiefer geht und länger anhält, hatte auch sie zuletzt ihren Weg zum Verständniß und

---

beachtliche Beträge, die bei den Sammlungen eingeworben wurden.

[1] Das ist nicht ganz richtig. Die "Free Trade Hall" in der Peter Street in Manchester wurde von 1853 bis 1856 erbaut, um die Abschaffung der Kornzölle 1846 zu würdigen. Sie diente als Ort für öffentliche Veranstaltungen, wurde durch Bombenangriffe im Zweiten Weltkrieg beschädigt und ist heute ein Hotel. Vielleicht denkt August Lammers auch an andere Einrichtungen, die hauptsächlich von der Anti-Corn Law League genutzt wurden.

[2] Das „Theatre Royal" ist ein Theater an der Drury Lane im Londoner West End.

[3] Das „Royal Opera House in Covent Garden" ist das größte Opernhaus in London.

[4] Hier im Sinne einer Wohltätigkeitsveranstaltung, bei der gespendete Gegenstände verkauft werden.

zur Mitempfindung des weiblichen Geschlechts gefunden. Unser reisender Landsmann J. G. Kohl[1], der damals grade England besuchte, erwähnt der Damen-Comitees, welche einen Theil der großartigen Organisation der Liga bildeten. Daran knüpfte der französische Freihandelsapostel Bastiat[2] in seinem Erstlingswerk „Cobden und die Liga"[3] einen begeisterten Aufruf an die Mitwirkung der Frauen zu solchen volksfreundlichen Unternehmungen, in welchem es u. a. heißt: „Ehedem krönten die Damen den Sieger im Turnier. Muth, Geschicklichkeit und Milde wurden volksthümlich durch den berauschenden Klang ihres Beifallsrufs. In jenen unruhigen und gewalt-[13/471]-thätigen Zeiten, wo ein brutales Joch auf den Schwachen und Kleinen lastete, kam es eben vor allem darauf an, Hochherzigkeit[4] und ritterliche Gesinnung zu ehren, damit sie in den rauhen Sitten einer kriegerischen Welt nicht vollständig untergingen. Weil nun aber die Zeiten andere geworden sind, die rohe Muskelkraft der Energie des Geistes den Vorrang eingeräumt hat, Unrecht und Unterdrückung neue Formen

---

[1] *Johann Georg Kohl (1808–1878) war ein deutscher Reiseschriftsteller.*

[2] *Claude Frédéric Bastiat (1801-1850) war ein Ökonom und Politiker, der den Freihandelsgedanken nach Frankreich brachte. In Übersetzungen war er auch in Deutschland sehr einflußreich.*

[3] *Titel des Originals von 1845: „Cobden et la Ligue ou L'agitation anglaise pour la liberté des échanges".*

[4] *eine edle Gesinnung zeigend.*

annehmen, der Kampf vom Schlachtfelde auf den unsichtbaren Boden der Ideen verlegt ist, — muß deshalb die Mission der Frau zu Ende sein? Hat sie sich darein zu ergeben, daß ihr Platz einfürallemal außerhalb der socialen Bewegung ist? Soll es ihr versagt sein, auf keimende neue Sitten ihren wohlthätigen Einfluß zu üben, und durch ihren Blick jene höheren Eigenschaften zu entzünden, deren die Cultur der Gegenwart bedarf? . . In unseren Tagen müssen die Frauen der moralischen Tüchtigkeit, der Geisteskraft, dem bürgerlichen Muthe, der politischen Redlichkeit, der thätigen und erleuchteten Nächstenliebe jene unschätzbaren Preise, jene unwiderstehlichen Ermuthigungen zukommen lassen, welche sie vormals allein für Tapferkeit im Gebrauch der Waffen spendeten . . . Wenn die widerwärtigste Verworfenheit alle Springfedern unserer Institutionen lähmt, eine niedrige Begehrlichkeit, nicht zufrieden unumschränkt zu schalten, sich auch noch frech zu einem förmlichen System aufputzt, und eine bleierne Atmosphäre auf unser sociales Leben drückt, so ist der Grund darin zu finden, daß die Frau noch nicht von ihrer providentiellen[1] socialen Mission Besitz ergriffen hat."

Mit der Anti-Corn-Law-League stritten also die Frauen und der rührigste[2], strebsamste Theil der Geistlichkeit — zwei gewaltige Bundesgenossen in einem germanischen und protestantischen Lande. Dreihundert Personen waren während des Jahres 1844

---

[1] *mit der Vorsehung zusammenhängend.*

[2] *eifrig, unermüdlich, geschäftig.*

fast ununterbrochen mit der Verpackung, fünfhundert mit der Austheilung ihrer Flugschriften beschäftigt, von denen damals schon mehr als neun Millionen Abdrücke in Umlauf ge-[14/472]-setzt worden waren. Welch' ein Abstand war das gegen jene erste Zeit, wo ein kleines Zimmer in Manchester die versammelten Genossen mehr als hinlänglich faßte, ein schmutziger rother Vorhang hindurchgezogen zu werden pflegte, damit der Anblick so vielen leeren Raumes die Erschienenen selbst nicht allzu sehr entmuthige, und die Führer immer zitterten, ein Feind möge sie einmal belauschen und der abgeneigten Welt das Geheimniß ihrer schwachen Zahl verrathen. Sogar ihnen hatte es im Laufe der sieben Jahre des Kampfes nicht ganz an Augenblicken der Muthlosigkeit und des Verzagens gefehlt. B r i g h t verlor während des langen Feldzuges seine erste Frau[1]; vom Schmerze zu Boden gezogen, dachte er sich ganz vom öffentlichen Leben zurückzuziehen. Aber C o b d e n stimmte ihn um durch nachdrücklichen Hinweis auf die Witwen und Waisen, deren Noth zu steuern[2] besser sei, als dem Gedanken an einen nicht zu ändernden Schlag des eigenen Schicksals nachzuhängen. B r i g h t konnte der gemeinsamen

---

[1] *Seine Frau Elizabeth (geborene Priestman) starb 1841 an Tuberkulose. Wie sich John Bright erinnerte, kam Richard Cobden kurz danach zu ihm und sagte: "There are thousands of homes in England at this moment where wives, mothers and children are dying of hunger. Now, when the first paroxysm of your grief is past, I would advise you to come with me, and we will never rest till the Corn Laws are repealed."*

[2] *entgegenwirken.*

Sache und dem Freunde diesen Dienst erwidern, als Cobden sich später vor die Wahl gestellt sah, sein Geschäft verfallen zu sehen[1] oder ihm mehr von der Zeit zu widmen, die er bis dahin der Liga geopfert hatte.

Schon bald nach Cobden's Eintritt ins Parlament[2] fing das ersehnte Ziel an, sich von ferne zu zeigen. Sir Robert Peel[3], der damalige Ministerpräsident, hielt zwar im Wortgefecht noch scheinbar unverändert Stand. Ja, als im Januar 1843 von einem Wahnsinnigen sein Privatsecretär Drummond[4] auf offener Straße statt seiner ermordet worden war, ließ er sich von seiner Erregung hinreißen, Cobden der

---

[1] *Richard Cobden stand nahe am Bankrott seines Unternehmens, weil er sich auf die Agitation gegen die Kornzölle konzentriert hatte.*

[2] *Richard Cobden wurde erstmal 1841 in das Unterhaus gewählt.*

[3] *Sir Robert Peel, 2. Baronet (1788-1850), war ein britischer Staatsmann und konservativer Politiker. Er war von 1841 bis 1846 Premierminister und stürzte, als er zusammen mit den Whigs und den Radikalen, zu denen Richard Cobden und John Bright zählten, für die Abschaffung der Kornzölle eintrat. In den Folgejahren führte er eine Gruppe von konservativen und freihändlerischen Abgeordneten an.*

[4] *Edward Drummond (1792-1843) war der persönliche Sekretär von Sir Robert Peel. Er wurde von Daniel M'Naghten erschossen, der eigentlich den Premierminister hatte treffen wollen. M'Naghten erhielt wegen Unzurechnungsfähigkeit ein Urteil "nicht schuldig".*

intellectuellen Urheberschaft zu zeihen[1], weil dieser wiederholt in feierlicher Beschwörung an die Verantwortlichkeit des leitenden Raths der Krone für das aus schlechten Zöllen fließende öffentliche Elend erinnert hatte; und Tage lang ließen die tobenden Haufen der Tory-Partei den Angegriffenen zur Vertheidigung nicht zu Worte kommen. Allein im Stillen hatte doch eine 1840 angestellte neue commissarische[2] [15/473] Untersuchung über die Wirkungen des bestehenden Zollsystems starken Eindruck auf Peel gemacht; als er 1841 die Zügel der Regierung aus Lord Melbourne's[3] Händen wieder übernahm, vermied er es sorgfältig, sich gegen seine Anhänger zur Aufrechterhaltung der Kornzölle förmlich zu verpflichten.

Die erwähnte Untersuchung hatte u. a. herausgestellt, daß von 862 zollpflichtigen Artikeln

147	gar nichts einbrachten,						
349	jeder	weniger als		100 £	oder zusammen		8,000 £
132	„	von	100 bis	500 „	„	„	32,000 „
45	„	„	500 „	1000 „	„	„	32,000 „
107	„	„	1000 „	5000 „	„	„	245,000 „
63	„	„	5000 „	100,000 „	„	„	1,397,000 „
10	„	„	100,000 „	500,000 „	„	„	1,838,000 „
9	„	500,000	£ und darüber		„	„	18,575,000 „

---

[1] *beschuldigen, anklagen.*

[2] *durch eine Kommission des Parlaments.*

[3] *William Lamb, 2. Viscount Melbourne (1779-1848) war vom 18. April 1835 bis zum 30. August 1841 Premierminister.*

Bei einer Gesammteinnahme von 22,962,000 £ (153,080,000 Thaler) im Jahre 1839 hatten 17 Artikel zusammen 94 pCt. und 29 andere fernere 4 pCt. aufgebracht, so daß für den ganzen Rest nur 2 pCt. übrig blieben. Jene 17 Artikel waren: Zucker, Thee, Tabak, Spirituosen, Wein, Bauholz, Getreide, Kaffee, Butter, Korinthen, Talg, Saaten, Rosinen, Käse, Baumwolle, Wolle, Seidenstoffe. Dies lenkte den Blick von der Schutzzollfrage der Kornzölle zurück auf eine andere freihändlerische Reform, welche Huskisson auch bereits ins Auge gefaßt hatte: die Vereinfachung des Tarifs[1].

Eine dritte Tendenz wandte sich gegen die Bevorzugung der Colonien durch Differenzialzölle[2]. Fremder Kaffee z. B. zahlte 15 Pence[3] das Pfund, Colonial-Kaffee nur 6, Kaffee vom Cap der guten Hoffnung aber 9 Pence das Pfund. Da nun der Umweg über das Cap nur ½ bis 1 Penny auf das Pfund ausmachte, wofür der Zollunterschied 6 Pence betrug, so gingen große Mengen Kaffee von Brasilien[4] und Hayti[5] nach der

---

[1] *Zollsätze.*

[2] *Zölle, die je nach Land unterschiedlich sind und damit relative Begünstigungen und Benachteiligungen darstellen.*

[3] *1 Pfund Sterling = 1 Sovereign = 4 Crown = 8 Half Crown = 10 Florin = 20 Schilling = 60 Groat = 240 Penny = 960 Farthing.*

[4] *zu jener Zeit das Zweite Kaiserreich Brasilien, das seit 1840 bestand. 1889 putschte das Militär und der Kaiser ging ins Exil nach Paris, 1891 wurde die Republik ausgerufen.*

[5] *1791 kam es auf Haiti zu einem Sklavenaufstand, der letztlich*

Die geschichtliche Entwicklung des Freihandels

Südspitze Afrikas, um erst von da nach England zu gelangen, machten also eine [16/474] an sich nutzlose Fahrt auf Kosten der englischen Consumenten, verkürzten[1] die Zollcasse und vereitelten die Absicht des Differenzialzolls, alles auf einmal. Der Differenzialzoll auf Zucker, der 63 Schilling für den Centner gegen 24 Schilling betrug, hatte die westindischen Pflanzer in ihren Preisforderungen so unverschämt gemacht, daß trotz des enormen Unterschiedes doch fremder Zukker in London an den Markt kam.

Die Geschichtschreiber liegen unter sich darüber im Streite, ob Sir R o b e r t P e e l schon 1842 zum Freihandel hätte übergehen sollen und können. Er würde sich damit allerdings den Vorwurf der „organisirten Heuchelei" vielleicht erspart haben, der ihm seit 1845, und ehe er noch seine Entschlüsse kundgegeben hatte, von den Heißspornen der Tory-Partei mit grenzenloser Erbitterung an den Kopf geworfen wurde. Aber ob es dann in seiner Macht gelegen hätte, die große befreiende Maßregel persönlich durchzuführen, ist eine andere Frage. Leicht hätte er sich genöthigt sehen können, die Führung der Tories auf der Stelle abzugeben und in dem dann folgenden leidenschaftlichen Streit der Extreme den ohnmächtigen Zuschauer zu spielen. Daß er dies nicht wollte, darf nicht bloß als

---

1804 zur Unabhängigkeit von "Saint Domingue" führte. Das Land war zeitweise eine Monarchie unter einem Kaiser, zeitweise eine Republik. 1844 spaltete sich die Dominikanische Republik ab.

[1] *verringern, vermindern.*

ein selbstsüchtiger Ehrgeiz verurtheilt werden; es bewahrte das Land vor gefahrvollen Kämpfen und vielleicht vor einer Revolution. So scheinen auch Cobden und Bright die Sache aufgefaßt zu haben, nach der lauten und herzlichen Anerkennung, welche sie ihm hinterdrein[1] zollten, nach der Wärme, mit welcher namentlich Bright ihn in Schutz nahm, als die Tories ihr Verrath-Geschrei im Unterhause selbst erhoben.

Im Jahre 1842 also wurden die Kornzölle noch nicht angetastet; dagegen ward[2] zum ersten Mal seit Huskisson's Zeit wieder ein ordentlicher Schnitt in den Zolltarif gethan. Holz und Kaffee wurden herabgesetzt, eine ziemliche Menge uneinträglicher Positionen ganz gestrichen, und überhaupt für 10,850,000 Thaler Zölle aufgegeben.

[17/475] Dies war aber noch nichts gegen die Tarif[3]-Reduction von 1845[4], die für 24,900,000 Thaler Zölle strich. Jetzt wurden Baumwolle und ein paar andere Rohstoffe ganz von Steuern frei, ebenso Glas, der Zuckerzoll um ein Drittel herabgesetzt u. s. f. Das Budget von 1846 folgte mit weiteren Ermäßigungen im Belauf[5] von 7,700,000 Thalern, welche Seidenwaa-

---

[1] im Nachhinein, hinterher.

[2] alte Form von: wurde.

[3] Zollsätze.

[4] Gemeint ist die zweite Revision des Zolltarifs von 1845 (die erste war die von 1842).

[5] Betrag.

ren, Vieh, Butter, Käse, Talg, Spirituosen, Oelsaaten u. s. w. betrafen. Beide Male wurde eine Anzahl unbedeutender Artikel ganz freigegeben. Nach dem Abschluß der Peel'schen Tarifreform waren von 1100 Positionen, welche der Bericht von 1840 noch vorgefunden hatte, nur 590 übriggeblieben.

Das Gesetz vom 18. August 1846[1] brach das Monopol der westindischen Zuckerpflanzer[2] auf den englischen Markt. Der Differenzialzoll[3] zu Gunsten des Zuckers aus englischen Colonien, der dasselbe enthielt und gewährleistete, wurde von Jahr zu Jahr ermäßigt, bis er ganz verschwand. Aehnlich, obwohl nicht ganz so radical verfuhr man mit dem Differenzialzoll zu Gunsten canadischen Bauholzes.

Der Punct jedoch, um welchen alles sich drehte, waren selbstverständlich die Kornzölle. Die schlechte Getreide-Ernte von 1845 und das gleichzeitige Auftreten der Kartoffelkrankheit[4] reiften Sir Robert Peel's

---

[1] *Gemeint ist der „Sugar Duties Act 1846" (9 & 10 Vict).*

[2] *Die Westindischen Inseln sind mehrere Mittelamerika bzw. Südamerika vorgelagerte Inselgruppen im Atlantischen Ozean, und zwar die Großen und Kleinen Antillen, die Bahamas und die Turks- und Caicosinseln.*

[3] *Zoll, der je nach Land unterschiedlich ist und damit eine relative Begünstigung, bzw. Benachteiligung darstellt.*

[4] *Es handelt sich um Phytophthora infestans (Kartoffelmehltau), eine Art der Eipilze. Die Variante HERB-1 kam um das Jahr 1840 aus Amerika nach Europa und verursachte große Mißernten, die besonders arme Regionen und Schichten in Mitleidenschaft zogen, die in ihrer Ernährung von Kartoffeln abhingen. Besonders*

August Lammers

Entschluß. Der Führer der Whigs[1], Lord J o h n R u s -
s e l l[2], der sich den Forderungen der Liga[3] schon länger zugänglich gezeigt hatte, kam ihm vor der Oeffent-
lichkeit freilich zuvor mit einem an seine Londoner
Wähler gerichteten, aus Edinburg datirten Briefe vom
November 1845, in welchem er das Princip der Kornzölle förmlich fallen ließ. Allein als P e e l ihm durch
Anerbieten[4] seines Rücktritts Gelegenheit gab, dem-
gemäß zu handeln, vermochte er kein Cabinet auf dieser Basis zusammenzubringen. P e e l reorganisirte
deshalb das seinige — Lord S t a n l e y[5], der jetzige
Lord D e r b y schied damals aus —, und eröffnete das

---

schlimm war dies in Irland, wo es von 1845 bis 1852 zur Großen
Hungersnot kam. Aber auch auf dem Kontinent, so auch in
Deutschland, kam es zu einer schwierigen Lage.

[1] Die Whigs waren bis zur Mitte des 19. Jahrhunderts die Gegen-
spieler der Tories in Großbritannien. Sie umfaßten konservative
und liberale Unterflügel. Tendenziell waren sie aufgeschlossener
für Reformen. Sie gingen später in der Liberalen Partei auf.

[2] John Russell, 1. Earl Russell (1792-1878) war ein liberaler Politiker und unter Königin Viktoria zweimal Premierminister des
Vereinigten Königreichs, und zwar von Juli 1846 bis Februar
1852 und von Oktober 1865 bis Juni 1866.

[3] Anti-Corn Law League.

[4] Angebot.

[5] Edward Geoffrey Smith-Stanley, 14. Earl of Derby (1799-1869)
war ein britischer Politiker und Premierminister im Jahre 1852,
von 1858 bis 1859 und wieder von 1866 bis 1868. Von 1841 bis
1845 war er Secretary of State for War and the Colonies.

Parlament mit feststehendem Plane. Danach sollten die Kornzölle stufenweise in Wegfall kommen und am [18/476] 1. Februar 1849 ganz aufhören (bis auf einen unbedeutenden, gegenwärtig erst zur Aufhebung gelangenden festen Satz von 1 Schilling das Quarter). Die Verhandlung war heiß und lang, zwölf Unterhaussitzungen hindurch; ihre Last lag größtentheils auf dem Minister[1], da C o b d e n, an Ueberarbeitung krank, nur einem Theil der Sitzungen beizuwohnen vermochte. Endlich wurde P e e l's Antrag am 21. Februar 1846 mit 327 (337) gegen 229 (240) Stimmen angenommen. Das Oberhaus erhob keine ernstliche Schwierigkeiten, was es, wenn nicht der langjährige Führer der Conservativen die große Maßregel vorgeschlagen hätte, sicherlich nicht unterlassen haben würde zu thun. Am 26. Juni 1846 wurde der Triumph der Freihandelspartei durch die Unterschrift und das Siegel der Königin sanctionirt. Die Wucht des Erfolges riß Sir R o b e r t P e e l vom Ministersessel herunter; er mußte unmittelbar nachher sein Amt an die Whigs abgeben, und ist nicht wieder ans Ruder gekommen. Aber in der Rede, mit welcher er seinen Rücktritt ankündigte, durfte er sich mit dem Gedanken trösten, daß sein Verdienst um eine allgemeine Erleichterung der Noth im Lande unbestreitbar und von den Leidenden selber anerkannt sei. Indem man diese seine eigenen Worte später auf sein Denkmal[2] graben ließ,

---

[1] *Hier im Sinne von: Premierminister.*

[2] *Gemeint ist das "Peel Memorial" in Bury, das 1851 errichtet wurde. Die Inschrift lautet: "It may be / I shall leave a name / sometimes remembered with expressions of good will / in the abode of those whose lot / it is to labor / and to earn their /*

wurden sie von der öffentlichen Stimme gewissermaßen bestätigt. In derselben Rede sprach er übrigens das Hauptverdienst um die große Befreiung — wie es prophetischen Geistes schon ein Jahr vorher der Franzose B a s t i a t[1] gethan hatte — R i c h a r d   C o b d e n 's natürlicher, an die Vernunft appellirenden Beredsamkeit zu.

„Sie können sich das Zeugniß ertheilen", schrieb B a s t i a t   an   C o b d e n   auf die Nachricht vom Siege am 25. Juni 1846, „auf dieser Erde eine tiefe Spur Ihres Wandelns[2] hinterlassen zu haben, und die Menschheit wird Ihren Namen segnen. Sie haben Ihre ungeheure Bewegung mit einer Kraft, einem Zusammenhang, einer Klugheit, einer Mäßigung geleitet, welche für alle zukünftigen Reformen ein ewiges Beispiel sein werden; [19/477] und aufrichtig sage ich, die Vervollkommnung, welche die Kunst zu agitiren von Ihnen erhalten hat, wird für das menschliche Geschlecht eine noch größere Wohlthat sein als der unmittelbare Erfolg Ihrer Anstrengungen, so groß dieser auch ist. Sie haben der Welt die Lehre gegeben, daß die wahre

---

daily bread by the sweat of / their brow - when they shall / recruit their exhausted strength / with abundant and untaxed food / the sweeter, because it is / no longer leavened by a / sense of injustice". Es handelt sich dabei um ein Zitat aus einer Rede von Sir Robert Peel im Unterhaus am 29. Juni 1846.

[1] *Claude Frédéric Bastiat (1801-1850) war ein Ökonom und Politiker, der den Freihandelsgedanken nach Frankreich brachte. In Übersetzungen war er auch in Deutschland sehr einflußreich.*

[2] *Umhergehen, hier im Sinne von: Leben und Wirken.*

Kraft in der Meinung steckt, und ihr gezeigt, wie man diese Kraft in Bewegung setze."

Am 22. Juli 1846 löste sich die Anti-Corn-Law-League auf, Ihr großer Zweck war erreicht; nur noch zu untergeordneten Aufgaben oder gar zu engeren Parteizwecken hätte sie vereinigt bleiben können, auf Kosten des erworbenen reinen Ruhms. Aehnlich wie zwanzig Jahre nachher das siegreiche Heer der Vereinigten Staaten[1], das die Union gerettet und die Sklaverei zerstört hatte, ging diese große agitatorische Vereinigung nach erreichtem Ziele ruhig aus einander. Vier Fünftel von der Viertelmillion Pfund Sterling[2], welche für den Fall der Nothwendigkeit längeren Kampfes bereits gezeichnet war[3], blieben uneingefordert. Es blieb trotzdem noch genug in der Casse, um die verdienstvollen Leiter der Agitation durch Ehrengeschenke auszuzeichnen. Der Präsident Wilson[4] wurde gebeten, zehntausend Pfund anzunehmen, jeder seiner sieben Collegen im Vorstand ein schweres silbernes Thee-Service. Für Cobden aber, der sein blühendes Geschäft auf dem Altar des Vaterlandes geopfert hat-

---

[1] *Die Armee der Nordstaaten im Amerikanischen Bürgerkrieg von 1861 bis 1865.*

[2] *Ein Pfund Sterling hätte eine ungefähre Kaufkraft von 200 bis 400 Euro heute.*

[3] *Zeichnung: Verpflichtung, auf Anforderung einen Betrag zu zahlen.*

[4] *George Wilson (1808–1870) war ein britischer Politiker und der Vorsitzende der Anti-Corn Law League.*

te, brachte eine besondere Nationalsubscription[1] eine halbe Million Thaler[2] auf, während man B r i g h t eine prächtige Bibliothek darbot[3]. Zugleich wurden die Vorstandsmitglieder ermächtigt, die Agitation von neuem zu eröffnen, sobald die Zollschutzpartei ihr gedemüthigtes Haupt abermals erheben sollte.

Dies sollte jedoch in den nächsten Jahren noch nicht geschehen. Zu gewaltig war der Eindruck, den die Ueberwältigung der constituirten Gewalten durch die populäre Agitation hinterlassen mußte; zu gründlich die Bekehrung aller selbständigen und leidlich unbefangenen Geister in der langen angespannten öffent-[20/478]-lichen Diskussion. Das ist der hohe Vorzug friedlicher Erörterung und Verhandlung vor gewaltsamem Umsturz, daß jene sich die Ueberzeugungen unterwirft, dieser nur einen widerwilligen Gehorsam erzwingt, der nicht länger vorhält als die zwingende Gewalt. Der Triumph der Agitation gegen die Kornzölle hat der britischen Politik einen tieferen Stempel aufgeprägt, als irgend ein Ereigniß seit den napoleonischen Kriegen[4]. Für den Handel ihres Landes arbeiteten britische Staatsmänner und Diplomaten schon lange, und vorzugsweise: seit P e e l's Bekehrung

---

[1] *landesweite Sammlung.*

[2] *Die Kaufkraft eines Talers läge sehr ungefähr bei 30 bis 60 Euro heute.*

[3] *Die Bibliothek umfaßte 1.200 Bände.*

[4] *Die Kriege von 1792 bis 1815.*

zu Cobden's Predigt arbeiten sie, wie wenn sie alle Emissäre[1] der Liga wären, für den Freihandel.

Eine der Nachwirkungen des siegreichen Kampfes für die Kornzölle, welche fast gar keinen besonderen Kampf mehr kostete, war die Aufhebung der von Cromwell[2] herstammenden, die britischen Schiffe bevorzugenden Navigations-Acte[3]. Sie fand im Beginn des Jahres 1849 statt. Im übrigen verhinderten schon die finanziellen Folgen der Herabsetzung der Zucker- und der Holz-Zölle, daß weitere Tarif[4]-Reductionen in der nächsten Zeit nach Peel's großer Reform vorgenommen werden konnten.

Anfang 1852 aber kamen die Tories wieder ins Amt: Lord Derby wurde erster Lord des Schatzes[5]

---

[1] *Abgesandter.*

[2] *Oliver Cromwell (1599-1658) war der Führer der Parlamentsseite gegen Karl I. und "Lord Protector of the Commonwealth of England, Scotland and Ireland" von 1653 bis 1658.*

[3] *Die "Navigation Acts" waren eine Serie von Gesetzesbeschlüssen des englischen Parlaments zur Regulierung von Schifffahrt und Seehandel aus den Jahren 1651 und 1733. Sie wurden 1849 abgeschafft.*

[4] *Zollsätze.*

[5] *Der "First Lord of the Treasury" war ursprünglich der Finanzminister. Wegen seiner Bedeutung leitete er die Regierung, weshalb das Amt ab Robert Walpole (1676-1745) mit dem des Premierministers zusammenfiel.*

(Ministerpräsident) und Disraeli[1] Kanzler der Schatzkammer (Finanzminister), zwei erklärte Gegner der seit 1846 befolgten freisinnigen[2] Handelspolitik. Doch waren sie vorsichtig genug, ihrer Abneigung nur dann nachgeben zu wollen, wenn das Land sie durch die im Sommer des nemlichen Jahres stattfindenden allgemeinen Wahlen dazu ermächtigte. Dies geschah so wenig, daß vierzehn Tage nach der Eröffnung des Parlaments im Unterhause ein Antrag von Villiers, die verbesserte Lage des Landes für eine Folge des Freihandels und die Fortsetzung der bisherigen Handelspolitik für ein entschiedenes Interesse des Gemeinwohls zu erklären, mit 336 gegen 256 Stimmen angenommen wurde. Damit war der Streit, der das Parlament ein Menschenalter hindurch fast ununterbrochen in Athem erhal-[21/479]-ten hatte, grundsätzlich genommen zu Ende. Es bedurfte nicht der Wiederbelebung der Agitation, für welche sonst alles bereit stand. Disraeli machte sich obendrein schon durch

---

[1] Benjamin Disraeli, später geadelt als 1. Earl of Beaconsfield (1804-1881) war ein britischer Schriftsteller und konservativer Staatsmann, im Jahre 1868 und von 1874 bis 1880 Premierminister von Großbritannien. Er stammte aus einer Familie von sephardischen Juden, die ursprünglich aus Italien eingewandert war, konvertierte aber als Jugendlicher zur anglikanischen Kirche. Zunächst etablierte er sich als erfolgreicher Schriftsteller, interessierte sich aber zusehends mehr für Politik. Disraeli brauchte lange, um sich bei den Konservativen durchzusetzen, war dann aber deren unumstrittener Führer.

[2] freisinnig: liberal (in einem allgemeinen, nicht unbedingt parteipolitischen Sinne).

sein erstes Budget als Finanzminister unmöglich. Er dachte nämlich den seiner Partei so theuren ländlichen Interessen dadurch aufzuhelfen, daß er sich vermöge[1] einer Verdoppelung der städtischen Häusersteuer die Möglichkeit erwarb, Hopfen und Malz auf die Hälfte herabzusetzen; was die Mehrheit des Unterhauses aber gar nicht nach ihrem Geschmacke fand.

Sein Nachfolger in Lord Aberdeen's[2] Cabinet war Gladstone[3], und mit diesem vielseitig begabten Manne beginnt eine neue Epoche in der Handels- und Finanz-Geschichte Großbritanniens. Schon gleich durch die Budget-Vorlage vom 18. April 1853 erwies er sich als der würdige Jünger und Nachfolger des zum Freihandel bekehrten Sir Robert Peel. Indem er die Erbschaftssteuer auf das unbewegliche Vermögen erstreckte[4] und die Einkommensteuer[5], so lange sie

---

[1] durch.

[2] George Hamilton-Gordon, 4. Earl of Aberdeen (1784-1860) war ein konservativer Politiker und von 1852 bis 1855, zur Zeit des Krimkriegs, Premierminister von Großbritannien.

[3] William Ewart Gladstone (1809–1898) war ein liberaler Politiker, der seine Karriere als Tory begann. Er war britischer Premierminister von 1868 bis 1874, von 1880 bis 1885, im Verlauf des Jahres 1886 und wieder von 1892 bis 1894. Hier ist seine Rolle als Finanzminister (Chancellor of the Exchequer) vom 28. Dezember 1852 bis zum 28. Februar 1855 sowie vom 18. Juni 1859 bis zum 26. Juni 1866 gemeint.

[4] Gemeint ist die "Succession Duty" nach dem "Succession Duty Act" von 1853.

[5] Sir Robert Peel führte mit dem "Income Tax Act" von 1842 zum

fortdauere, auf Irland, verschaffte er sich die Mittel, eine fast acht Millionen aufbringende Verbrauchssteuer auf Seife abzuschaffen, die Stempelabgaben[1] zu ermäßigen, und endlich den ganzen Zolltarif durchgreifend zu reformiren, unter Aufopferung einer Einnahme von zehn Millionen Thalern. Er stellte dafür folgende denkwürdige Grundsätze aus: 1) Aufhebung aller Zölle, welche nicht einträglich sind, es sei denn daß in ihrem Zusammenhang mit anderen Artikeln ein besonderer Grund zu ihrer Aufrechterhaltung läge; 2) Herabsetzung der Fabrikzölle auf 10 pCt. oder weniger ihres Werthes, mit Ausnahme von Seidenwaaren, deren 15 pCt. betragender Zoll wesentlich Finanzzoll[2],

---

ersten Mal die Einkommensteuer in Friedenszeiten ein, deren Gültigkeit in den Folgejahren immer wieder verlängert wurde. Gladstone wollte die Einkommenssteuer bis 1860 auslaufen lassen. Er weitete sie auf mehr Steuerpflichtige aus, sodaß sie in etwa auf die Wähler fiel. Davon erhoffte er sich Druck für eine sparsame Staatsverwaltung. Allerdings wurden die Finanzen durch den Krimkrieg (1853-1856) belastet, sodaß die Abschaffung entfiel und die Einkommenssteuer sogar erhöht wurde. Gladstone sah dies als eine Erinnerung für die Wähler an, wieviel Kriege kosten.

[1] Steuer auf offizielle Dokumente („stamp duty" nach dem Stempel, mit dem ihre Bezahlung ursprünglich bescheinigt wurde), wie etwa auf Wertpapiere, Verträge zum Handel mit diesen oder amtliche Bescheinigungen.

[2] Ein Finanzzoll dient ähnlich wie eine Steuer im Innern hauptsächlich zur Finanzierung des Staates. Er hat nicht das Ziel, wie bei einem Schutzzoll inländische Produzenten vor Konkurrenz zu „schützen" oder diese vom Markt auszuschließen. Natürlich hat auch ein Finanzzoll solche Wirkungen, aber diese sind unterge-

nicht Schutzzoll war, und die verhältnißmäßig den geringsten Anspruch auf Erleichterung des Eingangs hatten; 3) Maß- und Gewichtzölle statt der Werthzölle[1] soweit möglich, und Aufhebung des 1840 eingeführten Zuschlags von 5 pCt mit wenigen Ausnahmen; 4) thunlichst[2] vollständige Abschaffung der letzten Differenzialzölle zu Gunsten der Colonien, [22/480] und zwar durch Herabsetzung der Abgaben für fremde Erzeugnisse auf das Maß derjenigen für die entsprechenden Colonialproducte, nicht umgekehrt; 5) endlich Ermäßigungen der Einfuhrzölle auf Artikel, welche zu den Lebensgenüssen der großen Masse des Volkes gehören. Demzufolge wurden Aepfel, Nüsse, Orangen, Citronen, Rosinen, Cacao, Butter, Käse, Eier und Thee im Zoll herabgesetzt, 133 andere Artikel desgleichen, und 123 Artikel, welche zusammen nur 350—360,000 Thaler einbrachten, ganz freigegeben. Die Zahl der zollpflichtigen Waaren ging durch diese Maßregel abermals um Hunderte herunter, auf 360 Positionen. Wesentliche Erleichterungen des Zollabfertigungsverfahrens traten gleichzeitig ein.

Der Krim-Krieg[3] mit seinen großen Ausgaben legte sich der weiteren Entwickelung des Freihandels-

---

ordnet und bei einem Satz ähnlich wie bei der Besteuerung im Inland auch geringfügig. Besonders eignen sich für Finanzzölle Güter, die nicht im Inland hergestellt werden.

[1] Zölle können nach dem Wert erhoben werden, also nach dem Marktpreis, oder nach der Menge oder den Gewicht.

[2] tunlich: nach Möglichkeit, ratsam.

[3] Der Krimkrieg dauerte von 1853 bis 1856 und begann als der

Systems natürlich störend in den Weg. Eigentliche Rückschritte auf dieser Bahn vermochte aber auch er nicht herbeizuführen. Gladstone erhöhte 1854 die Abgaben von Zucker, Malz und schottischem Whisky; sein Nachfolger Sir George Cornewall Lewis[1] diejenigen auf Zucker, Kaffee, Thee und Spirituosen. Diese Gegenstände, zusammen mit Taback, Malz (Bier) und einigen anderen blieben überhaupt auch unter der Herrschaft der Freihandels-Idee die bevorzugten Quellen der Staatskasse; man trachtete keineswegs dahin, sie durch directe Besteuerung[2] mit der Zeit völlig zu ersetzen. Cobden hat wohl einmal die absolute Forderung „keine Zölle mehr" in einer Meetings-Rede ausgestellt, allein die praktischen Finanzreformer, vor Allen also Gladstone — sie nie zu der seinigen gemacht. In der Hand dieses Mannes aber wurde die Freihandels-Idee erst das wahre bewußte Werkzeug finanzieller Reform, indem er sich zur Tragung vorübergehender Ausfälle der Einkommensteuer mit ihrem beweglichen Satze von so und so viel Pence auf das Pfund Sterling bediente. So oft Gladstone das Budget auszuarbeiten hatte, konnte man auf neue

---

zehnte Russisch-Türkische Krieg. Auf Seiten der Türkei griffen 1854 Frankreich, Großbritannien und das Königreich Sardinien ein. Der Krieg endete mit einem Sieg der Alliierten über Rußland.

[1] Sir George Cornewall Lewis, 2nd Baronet (1806-1863) war ein britischer Staatsmann und Gelehrter. Er war von 1855 bis 1858 Finanzminister und von 1859 bis 1861 Innenminister (Home Secretary).

[2] etwa durch die Einkommenssteuer.

und meist großartige Reformen rechnen; andere Schatzkanzler besaßen nicht [23/481] seine geniale Fruchtbarkeit. Während der sieben Jahre 1860—66 wo er im Amte war, nahm er der Nation für 82 Millionen Thaler Lasten ab, darunter für 63 $\frac{1}{3}$ Millionen Zölle, und erlegte ihr nur für 5 ½ Millionen Zölle und für 15 ½ Millionen Abgaben überhaupt wieder auf, so daß der Ueberschuß zu Gunsten der Steuerzahler 66 ½ Millionen Thaler betrug. Dabei jedoch operirte er auch mit der Hilfsschraube der Einkommensteuer so, daß er sie immer nur wirklich aushilfsweise benutzte. Er fand sie mit 5 Pence auf das Pfund Sterling vor und hinterließ sie seinem Nachfolger mit 4 Pence. Ebenso, und trotzdem lieferte er ein größeres Staats-Einkommen (439,426,000 Thaler) ab, als er vorgefunden hatte (431,087,000 Thaler). Und um das Wunder vollzumachen, hatte er gleich im Jahre seines Amtsantritts 1860 eine Erhöhung der Heer- und Flotten-Ausgaben um beinahe 60 Millionen Thaler auszugleichen gehabt. Mit ihm wurde der Finanzminister erst wahrhaft das entscheidende Mitglied der Regierung, und die „Budget-Nacht"[1] nicht allein die der Regel nach wichtigste, sondern zugleich eine der interessantesten Sitzungen der Jahres-Session[2]. „Ein Budget", bemerkte der Economist[3], „ist für ihn ein Kunstwerk;

---

[1] *Debatte über den Etat, die bis in die Nacht hineinreicht.*

[2] *Sitzungsperiode eines Parlaments.*

[3] *Der "Economist" wurde 1843 von dem britischen Geschäftsmann und Bankier James Wilson begründet, um die Abschaffung der Kornzölle voranzutreiben. Der Titel ist aus heutiger Sicht mißverständlich. Gemeint war die politische Richtung der*

er gruppirt die Zahlen nicht allein so, daß sie werthvoll sind als Belehrung, sondern ansprechend an sich, und trägt sie mit einer Grazie, einem Fluß und einer Accuratesse vor wie kein anderer Sterblicher." Ueber die subjective Bedeutung seiner Finanzreformen sagte dasselbe sachverständige Organ einmal gelegentlich[1] im Jahre 1865: „Seine Budgets bestehen in der Hauptsache aus eigenen, nicht aus ihm von außen her aufgedrängten Verbesserungen. Das Meiste dessen was er gethan hat hätte ungeschehen bleiben können, ohne daß das Land sich darum gekümmert hätte. Es hätte sich nicht darum gekümmert, weil es ihm gar nicht eingefallen wäre."

Als gegenwärtiger Ministerpräsident[2] hat Gladstone freilich noch weitergreifende politische Aufgaben als die Erhaltung des finanziellen Gleichgewichts und die Erleichterung der Steuerlast [24/482] des Volkes. Er hat indessen das Glück gehabt, auf dem Schatzkanzler-Posten einen durchaus befähigten Nachfolger zu finden. Gleich das erste Budget Rob. Lowe's[3] zeigte ihn in dem Punkte sinnreicher Com-

---

Freihändler, die in der Zeit als "political economists" oder einfach "economists" bezeichnet wurden. Das sollte nicht heißen, daß sie Wirtschaftswissenschafter waren, sondern daß sie die Argumente der klassischen Ökonomen vertraten.

[1] bei Gelegenheit.

[2] August Lammers meint die Amtszeit als Premierminister von 1868 bis 1874.

[3] Robert Lowe, 1. Viscount Sherbrook (1811-1892) war ein britischer Politiker und von 1868 bis 1873 Finanzminister im Kabi-

binationen zum Zwecke neuer freihändlerisch-finanzieller Fortschritte seines Meisters würdig; er hat u. a. den letzten 1849 noch stehen gebliebenen Schilling Kornzoll aufgehoben.

Der unabsehbare Segen, den die Abschaffung der Schutzzölle, die Ermäßigung der Zölle überhaupt und die großartige Reduction der Positionen des Tarifs über den Volkswohlstand Großbritanniens ausgeschüttet haben, bedarf keiner besonderen Schilderung, da Niemand ihn bestreitet und bestreiten kann. Verhältnißmäßig am wenigsten beachtet und für Deutschland am wichtigsten dürfte der Einfluß sein, welchen jene Reihe befreiender Gesetze auf die Ausbildung der großen englischen Handelsplätze zu Weltwaarenmärkten geübt haben. Liverpool für Baumwolle, London fast für alle übrigen Stoffe des Welthandels sind die tonangebenden Stapelplätze[1] geworden; was Hamburg und Bremen etwa noch im einzelnen gerettet haben, verdanken sie ihrer freihändlerischen Zolllosigkeit[2], die ihnen als deutschen Freihäfen[3] ja auch nach der

---

nett von William Ewart Gladstone. Danach war er bis 1874 Innenminister (Home Secretary).

[1] Ein Stapelplatz ist eine verkehrsgünstig gelegene Stelle, etwa an einem Hafen oder an einer wichtigen Straße, wo Waren und Güter offen gelagert werden. Hier im übertragenen Sinne von: Umschlagsplatz.

[2] Die Hansestädte Hamburg, Bremen und Lübeck waren zu der Zeit nicht Mitglied im Deutschen Zollverein und erhoben deshalb auch nicht die entsprechenden Zölle.

[3] In einem Freihafen wird kein Zoll erhoben. Es kann sich auch

legislativen Einverleibung in den Zollverein vorläufig erhalten geblieben ist.

———

Wir kommen nun zur Betrachtung der Wirkungen, welche das Schauspiel der britischen Freihandels-Reform auf die festländischen Staaten Europas geübt hat. Huskisson berief sich 1826 zur Unterstützung seiner kühnen Ansichten auf einen vorliegenden preußischen Tarif: was war inzwischen aus diesem Werk des Jahres 1818[1] geworden?

Getränkt mit dem allseitig liberalen Geiste, den sich die preußischen Staatsmänner gegen Ende des vorigen Jahrhunderts aus englischen und französischen Schriftstellern, nicht am wenigsten [25/483] auch aus Adam Smith angeeignet hatten, und den sie spurenweise schon 1802 und 1808 in der Richtung auf den Freihandel bethätigten, hatten sie nach der Wiederherstellung des Weltfriedens[2] die Verschmelzung der einzelnen Landestheile Preußens zu einem einzigen Zollgebiet ohne feindselige Abschließung gegen

---

um ein eingegrenztes Gebiet in einem Hafen handeln, in dem ansonsten Zölle erhoben werden, bzw. beim Verlassen des Freihafens. Hier ist aber das ganze Gebiet der Hansestädte gemeint.

[1] *Preußen verwirklichte mit dem „Handels- und Zollgesetz vom 26. Mai 1818" ein einheitliches Zollgebiet ohne Binnenzölle.*

[2] *Sieg über Napoleon bis 1815.*

das Ausland durchzuführen auf sich genommen. Etwas anderes aber war es mit der gleichen Maßregel in Bezug auf das ganze vielstaatige Deutschland[1]. Diese hätte damals kaum durchgeführt werden können, ohne daß ein gewisses nationales Pathos wachgerufen ward[2], welches sich gegen das Ausland kehrte. Die Erhebung gegen Napoleon hatte das deutsche Nationalitätsbewußtsein in seinen Tiefen aufgeregt; nachdem das nächste Ziel seiner Wirksamkeit, die Abschüttelung des französischen Joches erreicht war, und innere politische Reformen alsbald[3] von der sogenannten heiligen Allianz der Fürsten[4] gegen die Völker gewaltsam zu-

---

[1] *Die Deutsche Bundesakte wurde am 8. Juni 1815 auf dem Wiener Kongreß verabschiedet und zwei Tage später unterzeichnet. Durch sie wurde der Deutsche Bund als Staatenbund mit einundvierzig Mitgliedern begründet. Ähnlich wie beim Schweizer Bundesvertag beschränkte sich die Kompetenz des Bundes im Wesentlichen nur auf die äußere Verteidigung. Oberstes Organ war der von den Vertretern der Staaten gebildete Bundesrat mit Sitz in Frankfurt am Main. Im Zuge der März-Revolution wurde eine provisorische Zentralgewalt in Deutschland gebildet, an die der Deutsche Bund am 12. Juli 1848 seine Befugnisse übertrug und seine Tätigkeit damit einstellte. Nach der Niederschlagung der Revolution wurde er wiederbelebt und bestand bis zum Deutsche Krieg von 1866 weiter.*

[2] *alte Form von: wurde.*

[3] *kurz danach, in Kürze.*

[4] *Die Heilige Allianz war das am 26. September 1815 abgeschlossene Bündnis von Rußland, Österreich und Preußen nach dem Sieg über Napoléon Bonaparte, dem 1818 auch Frankreich beitrat. Ziel war die Restauration der vorrevolutionären Ord-*

August Lammers

rückgewiesen wurden, warf es sich, hier abgedrängt, auf neutralere ökonomische Fragen, und predigte den „Schutz der nationalen Arbeit"[1] gegen die Fremden. Der Träger dieser Lehre wurde Professor F r i e d r i c h L i s t[2] in Tübingen, ein würtembergischer Liberaler, erst vertrauter Mitarbeiter des aufgeklärt-rücksichtslosen[3] Ministers v. W a n g e n h e i m[4] und

---

nung und die Unterdrückung oppositioneller Bewegungen.

[1] Das Schlagwort wurde auch später von Bismarck zur Begründung seiner Wende zum Protektionismus in den späten 1870er Jahren verwendet.

[2] Daniel Friedrich List (1789-1846) war ein Wirtschaftstheoretiker, Unternehmer, Diplomat und Eisenbahn-Pionier. In seinem Hauptwerk "Das nationale System der politischen Ökonomie" von 1841 entwickelte er eine Theorie, daß Volkswirtschaften durch verschiedene Stadien gehen. Die höchste Stufe sei dabei die der "Agrikultur, Manufaktur und des Handelsstandes", die in England erreicht sei, während Länder wie Deutschland nur bis zur Stufe der "Agrikultur und Manufaktur" gekommen seien. Eine weitere Entwicklung, fürchtete List, werde durch die Überlegenheit Englands unterbunden, womit man auf Dauer zweitklassig bleiben werde. Dagegen empfahl er "Erziehungszölle", d. h. Protektionismus für neu entstehende Industrien, wodurch diese sich ohne Konkurrenz entwickeln könnten. Diese Theorie war in Deutschland, aber auch in den USA einflußreich.

[3] Das Wort „rücksichtslos" hat in der Zeit noch nicht den heutigen negativen Anklang. Gemeint ist damit, daß jemand keine Rücksichten auf irgendwelche Interessen nimmt, sich also nicht beeinflussen läßt, selbst wenn Druck auf ihn ausgeübt wird.

[4] Karl August Freiherr von Wangenheim (1778-1850) war ein deutscher Jurist, Diplomat und Politiker und kurzzeitig auch Kul-

dann Märtyrer des auf diesen folgenden reactionären Regiments[1]. Er focht im Bunde mit süddeutschen Kaufleuten und Industriellen nach der einen Seite für Aufhebung aller Zollschranken im Innern Deutschlands, nach der anderen für Errichtung hoher Zollschranken gegen auswärtige Fabrikate. In dieser Richtung hatte er es natürlich vorzugsweise mit England zu thun. Der Vorsprung in industrieller und mercantiler[2] Entwicklung, welchen England während der festländischen Kriege[3] und Umstürze[4] erlangt hatte, regte die nationale Eifersucht auf. Man sah in der massenhaften Herübersendung guter und billiger Manufacturwaaren eine neue „Invasion", weniger gewaltthätig, aber ebenso nachtheilig wie die der französischen Waffen, eine „Ueberschwemmung", gegen die man Deiche auf-[26/484]-werfen müsse, wie der Niederländer gegen die Meeresfluth. Inmitten dieser Verwechselung der Begriffe glaubte man sogar in der Continentalsperre[5]

---

tusminister des Königreichs Württemberg.

[1] Regierung, Herrschaft.

[2] mit dem Handel zusammenhängend.

[3] Gemeint sind die Kriege von der Französischen Revolution an bis zur Niederwerfung Napoleons 1814/15.

[4] Gedacht ist hier vor allem an die Französische Revolution sowie die folgenden Umgestaltungen in verschiedenen europäischen Ländern, etwa der Schweiz, Italien oder in den Niederlanden (inklusive Belgien).

[5] Mit der am 21. November 1806 in Berlin verfügten Kontinentalsperre versuchte Napoleon, Großbritannien in die Knie zu

August Lammers

Napoleon's, diesem bloßen Hilfsmittel des Vernich-
tungskrieges gegen das unbesiegte England, eine höhere volkswirthschaftliche Idee zu finden. Ueberhaupt
stand List noch so vollständig unter dem Eindruck
der langen Kriege, daß der Krieg immer sein letztes
und vermeintlich nicht zu widerlegendes Argument ist.
Jede Nation, verlangt er, soll sich mit ihrer regelmäßi-
gen Production so einrichten, daß sie nöthigenfalls der
fremden Zufuhr entrathen[1] kann. Nimmt man seiner
Lehre die Voraussetzung eines Zustandes, in welchem
Krieg die Regel bildet, hinweg, so bricht sie zusammen. Bis zu welchem Grade aber man sich innerhalb
dieses Gedankenkreises für die untergeschobene
wirthschaftliche Idee der Continentalsperre begeistern
konnte, zeigt z. B. eine erst 1850 erschienene Schrift
eines Anhängers von List, Wilhelm Kiesselbach[2]. Dies ist kaum noch eine Apologie[3], sondern

---

zwingen. Den französisch beherrschten Staaten Europas war es
danach untersagt, Waren aus dem Vereinigten Königreich einzuführen. Britische Händler wurden polizeilich verfolgt. Allerdings erwies sich die Umsetzung trotz großer Anstrengungen als
schwierig, weil der Schmuggel aufblühte. Der Schaden für Großbritannien blieb begrenzt, während die kontinentalen Staaten
unter dem Protektionismus litten. Die Kontinentalsperre bestand bis 1814.

[1] auf etwas verzichten.

[2] Gemeint ist das Buch von Wilhelm Kiesselbach (1824-1872):
"Die Continentalsperre in ihrer ökonomisch-politischen Bedeutung: ein Beitrag zur Handelsgeschichte" aus dem Jahre 1850.

[3] Verteidigungsschrift.

eher eine Apotheose[1] der gehässigen Decrete von Mailand und Berlin[2]. Napoleon wird nur etwa dafür getadelt, die Continentalsperre nicht rein durchgeführt, sondern nebenbei immer noch Frankreichs besonderen Vortheil gesucht zu haben. Seine Kritiker, d. h. so ziemlich sämmtliche Historiker der Welt, haben ihn nicht begriffen, weil sie die Natur des Riesenkampfes zwischen Frankreich und England nicht verstanden, will sagen den Kampf der ersteren Macht gegen den freien Verkehr ihrer Angehörigen mit englischen Kaufleuten und Fabrikanten. „Wenn der europäische Continent zum eigentlichen Weltleben gelangen soll", ruft Kiesselbach pathetisch[3] aus, „muß England zuvor untergehen!" Er hofft denn auch schließlich auf baldige Wiederkehr der Continentalsperre in vollendeterer Form.

In dieser Verzerrung bemächtigte die Freihandels-Idee sich in Deutschland zuerst des Bewußtseins weiterer Kreise. Denn als List anfing zu predigen, kämpfte er thatsächlich vorzugsweise für die Nieder-

---

[1] *Gottwerdung.*

[2] *Im Berliner Dekret verfügte Napoleon I. am 21. November 1806 eine Verschärfung der Kontinentalsperre gegen Großbritannien. Das wurde nochmals durch das zweite Mailänder Dekret vom 17. Dezember 1807 eskaliert. Danach wurden alle Schiffe, gleich unter welcher Flagge, effektiv beschlagnahmt, die an irgendwelchen Geschäften mit Großbritannien beteiligt waren (Zoll gezahlt hatten, in den Häfen angelaufen waren oder von einem Zollschiff durchsucht worden waren).*

[3] *leidenschaftlich, gefühlvoll, schwülstig.*

August Lammers

reißung der Zollschranken, welche das eine deutsche
[27/485] Land vom anderen trennten, und die Wendung
gegen den freien Handel mit dem Ausland war nur
gewissermaßen der dafür gebotene Preis. Er gewann
damit für sich theils jene unklaren Ideen, welche für
alle patriotisch verbrämten[1] Tagesforderungen kritik-
los schwärmten, theils die Rührigkeit[2] einzelner schon
vorhandener oder werdender schutzzöllnerischer Interessen. Mit der Zeit freilich wuchsen diese egoisti-
schen Interessen nicht nur in das Herz seiner natio-
nalökonomischen Theorie hinein, sondern auch den
anderen Elementen der Reformpartei über den Kopf.
List, den die politische Verfolgung nach Amerika
auszuwandern trieb[3] und der je länger desto mehr sich
rein praktischen Bestrebungen zukehrte, namentlich

---

[1] verzieren, umrahmen.

[2] eifrig, unermüdlich, geschäftig.

[3] Friedrich List war ab 1820 Abgeordneter des württembergi-
schen Landtags. In der "Reutlinger Petition" übte er Kritik an
den Zuständen im Land. Ihm wurde daraufhin sein Mandat ent-
zogen, womit er die Immunität verlor. 1822 folgte eine Verurtei-
lung zu zehn Monaten Festungshaft. List floh daraufhin nach
Baden, Frankreich und in die Schweiz, kehrte dann aber 1824
zurück, um die Strafe doch abzusitzen. 1825 erklärte er sich bereit, in die USA auszuwandern, woraufhin er begnadigt wurde.
Er zog nach Pennsylvanien und übernahm dort die Redaktion
einer deutschsprachigen Zeitung. List entfernte sich über die Zeit
von seiner ursprünglich freihändlerischen Einstellung und näher-
te sich den protektionistischen Positionen von Alexander Hamil-
ton (1757-1804) an.

Die geschichtliche Entwicklung des Freihandels

nach seiner Heimkehr der Einbürgerung[1] des damals jungen Eisenbahnwesens in Deutschland[2], fand in sich die Fähigkeit zu einem frischen Aufschwung des Geistes nicht, welche dazu gehört hätte, sein „nationales System der politischen Oekonomie"[3] von der Beschränktheit der auf den Kriegszustand gegründeten Absperrungslehre zu reinigen. Im deutschen Zollverein aber, zu dessen Begründung seine und seiner Freunde Agitation zusammengewirkt hatte mit den freisinnigeren[4], aber nicht von einer volksthümlichen Bewegung getragenen Tendenzen der preußischen Politik, wurden diese bald durch den falschen und verderblichen Bestandtheil der List'schen Lehre zurückgedrängt

1819 war der Süddeutsche Handelsverein[5] ins Leben getreten, das Organ der sich um List scharenden

---

[1] Heimischmachen.

[2] Insbesondere in den Jahren von 1833 bis 1837 warb List offensiv in der Öffentlichkeit für den Bau von Eisenbahnen in Deutschland.

[3] Titel des Hauptwerks von Friedrich List: „Das nationale System der Politischen Ökonomie" aus dem Jahre 1841.

[4] freisinnig: liberal (in einem allgemeinen, nicht unbedingt parteipolitischen Sinne).

[5] Gemeint ist der "Allgemeiner Deutscher Handels- und Gewerbeverein", der 1819 unter maßgeblicher Beteiligung von Friedrich List in Frankfurt am Main gegründet wurde und in dem vor allem süd- und mitteldeutsche Unternehmer organisiert waren. Ziel war die Schaffung eines Binnenmarktes bei gleichzeitigen Schutzzöllen nach außen.

Kaufleute und Fabrikanten-Agitation. Von 1820 an
versuchten die süd- und mitteldeutschen Regierungen,
zunächst auf Minister-Conferenzen in Wien, ein Uebereinkommen wegen gemeinsamen Zollsystems zu er-
reichen. Aber während sie ziemlich erfolglos verhan-
delten, handelte Preußen. Es nahm zunächst die anhal-
tinischen und thüringischen Enclaven[1] in seinen östli-
chen Verband auf, 1828 ganz Anhalt-Bernburg[2] und
das südliche Hessen[3]. In demselben Jahre errichteten
Bayern, Würtemberg und beide Hohenzollern[4] einen

---

[1] *Preußen versuchte andere Staaten zu einem gemeinsamen
Zollgebiet zu bewegen. Am 25. Oktober 1819 wurde ein Vertrag
mit Schwarzburg-Sondershausen geschlossen. Es folgten Verträge am 24. Juni 1822 mit Schwarzburg-Rudolstadt, am 27.
Juni 1823 mit Sachsen-Weimar-Eisenach über die Gebietsteile
Allstedt und Oldisleben und dem Fürstentum Lippe vom 9/17.
Juni 1826 über die Gebietsteile Lipperode, Cappel und Greven-
hagen sowie mit Mecklenburg-Schwerin am 2. Dezember 1826
über die Gebietsteile Rossow, Netzband und Schönberg. 1828
wurde zusammen mit diesen Gebieten und dem Großherzogtum
Hessen der preußische-hessische Zollverein gegründet, dem
1828 Anhalt-Dessau und Anhalt-Köthen, 1829 weitere kleine
Gebiete, 1831 das Kurfürstentum Hessen und 1832 Waldeck
beitraten. Der Zollverein ging 1834 im Deutschen Zollverein auf.*

[2] *Das Herzogtum Anhalt-Bernburg ging nach Aussterben der
Linie 1863 im Herzogtum Anhalt auf.*

[3] *Gemeint ist das Großherzogtum Hessen, das mit Preußen 1828
den preußisch-hessischen Zollverein gründete.*

[4] *beide Hohenzollern: Hohenzollern-Sigmaringen und Hohenzol-
lern-Hechingen (heute ein Teil von Baden-Württemberg), die
1849, bzw. 1850 von Preußen übernommen wurden.*

Die geschichtliche Entwicklung des Freihandels

süddeutschen Zollverein[1], — Sachsen, Hannover, Kurhessen[2], der größte Theil [28/486] Thüringens[3], Braunschweig[4], Oldenburg[5], Nassau[6], Hessen-

---

[1] *Der Süddeutsche Zollverein wurde 1825 von Bayern und Württemberg gegründet. Hoffnungen, daß sich auch Baden, das Großherzogtum Hessen und das Herzogtum Nassau anschließen würden, erfüllten sich nicht. Ab 1829 kam die Rheinpfalz (zu Bayern gehörig) dazu.*

[2] *Kurfürstentum Hessen (1866 von Preußen annektiert).*

[3] *Zunächst nur Sachsen-Weimar-Eisenach, Sachsen-Coburg, Sachsen-Altenburg und Schwarzburg-Rudolstadt, später auch Schwarzburg-Sondershausen, Sachsen-Meiningen, Reuß-Greiz, Reuß-Schleiz und Reuß-Ebersdorf, allerdings ohne gewisse Exklaven, die zum preußisch-hessischen Zollverein gehörten.*

[4] *Das Herzogtum Braunschweig war ab 1814 der Nachfolgestaat des Fürstentums Braunschweig-Wolfenbüttel. Es bestand bis 1918, als es in den Freistaat Braunschweig umgewandelt wurde.*

[5] *Das Großherzogtum Oldenburg war ab 1814 der Nachfolgestaat des Herzogtums Oldenburg. Es bestand bis 1918 und wurde dann in den Freistaat Oldenburg umgewandelt.*

[6] *Das Herzogtum Nassau entstand 1806 durch Vereinbarung von Nassau-Usingen und Nassau-Weilburg. Anfangs gab es noch getrennte Regierungen mit den Hauptstädten Wiesbaden und Weilburg sowie eine weitere für die Grafschaften Sayn-Hachenburg und Sayn-Altenkirchen in Ehrenbreitstein. 1815 wurde eine Nebenlinie des Herrscherhauses, Nassau-Oranien, zum niederländischen Königshaus. Sie mußte dazu ihre Stammlande an Preußen abtreten, das diese an das Herzogtum Nassau übergab. Das Herzogtum bestand bis 1866 und wurde nach dem Deutschen Krieg von Preußen annektiert, weil es sich auf die Seite Österreichs gestellt hatte.*

Homburg[1] und Frankfurt a. M.[2] einen mitteldeutschen Handelsverein[3]. Bald aber sprengte denselben Kurhessens Austritt, das sich, wie schon 1828 Hessen-Darmstadt[4] gethan hatte, 1831 an Preußen anschloß. Im Jahre 1833 endlich kam eine Vereinigung zwischen den beiden Hauptgruppen, der preußischen und der bayerisch-würtembergischen zu Stande, welcher auch Sachsen und Thüringen beifielen[5], so daß am 1. Januar 1834 23 Millionen Deutsche auf 7719 Geviertmeilen[6] von derselben Zolllinie umspannt waren. Noch fehlten außer Oesterreich: Hannover, Oldenburg, Braunschweig, welche in der Folge unter sich und mit

---

[1] *Hessen-Homburg war bis 1806 eine Landgrafschaft. Von 1622 bis 1768 war es Teil von Hessen-Darmstadt und von 1806 bis 1815 des Großherzogtums Hessen. Danach wurde es wieder als eigenständige Landgrafschaft hergestellt und bestand bis zum Aussterben des Herrscherhauses im Jahre 1866.*

[2] *Freie Stadt Frankfurt (1866 von Preußen annektiert).*

[3] *Der Mitteldeutsche Handelsverein war 1828 eine direkte Reaktion auf die Gründung des Preußisch-Hessischen Zollvereins. Er existierte nur bis 1834.*

[4] *Großherzogtum Hessen.*

[5] *Königreich Sachsen und die thüringischen Staaten (Sachsen-Weimar-Eisenach, Sachsen-Coburg, Sachsen-Altenburg, Schwarzburg-Rudolstadt, Schwarzburg-Sondershausen, Sachsen-Meiningen, Reuß-Greiz, Reuß-Schleiz und Reuß-Ebersdorf).*

[6] *Eine Quadratmeile war zwischen 55 und 57 Quadratkilometer groß (je nach zugrundeliegender Länge der Meile, von denen es verschiedene in Deutschland gab).*

Die geschichtliche Entwicklung des Freihandels

Schaumburg-Lippe[1] einen besonderen Steuerverein[2] eingingen, Baden, Nassau, Mecklenburg[3], Schleswig-Holstein[4], Lippe-Detmold[5], Luxemburg und Limburg[6], die Freien Städte[7]. Aber schon 1835 kamen Baden, Nassau und Hessen-Homburg[8] nach; 1836 die

---

[1] *Fürstentum Schaumburg-Lippe mit der Hauptstadt Bückeburg (heute in Niedersachsen gelegen).*

[2] *Der „Steuerverein" war effektiv ein Zollverein.*

[3] *Es gab zwei Großherzogtümer, Mecklenburg-Schwerin und Mecklenburg-Strelitz, die von verwandten Häusern regiert wurden.*

[4] *Das Herzogtum Holstein unterstand seit 1474 dem dänischen König, war aber ein Teil des deutschen Bundes. Außerdem gab es auch noch das Herzogtum Lauenburg, das auch Dänemark unterstand, und ebenfalls zum Deutschen Bund gehörte.*

[5] *Fürstentum Lippe (zur Unterscheidung vom Fürstentum Schaumburg-Lippe, auch Lippe-Detmold genannt).*

[6] *Das Herzogtum Holstein unterstand seit 1474 dem dänischen König, war aber ein Teil des deutschen Bundes, ebenso das Herzogtu Lauenburg. Das Herzogtum Schleswig war ursprünglich ein dänisches Lehen und deshalb kein Teil des Deutschen Bundes (erst nach dem Deutsch-Dänischen Krieg 1864).*

[7] *Hamburg, Bremen und Lübeck. Frankfurt am Main war auch eine freie Stadt, aber ist hier wohl nicht mitgemeint.*

[8] *Hessen-Homburg war bis 1806 eine Landgrafschaft. Von 1622 bis 1768 war es Teil von Hessen-Darmstadt und von 1806 bis 1815 des Großherzogtums Hessen. Danach wurde es wieder als eigenständige Landgrafschaft hergestellt und bestand bis zum Aussterben des Herrscherhauses im Jahre 1866.*

August Lammers

Freie Stadt Frankfurt 1841 Braunschweig und Lippe-Detmold; 1842 Luxemburg. In dieser Größe traf den Zollverein die Revolution von 1848, welche zuerst das Zollwesen zum Gegenstande populärer Agitationen auch in Deutschland machte.

Preußen hatte die Anschlüsse erst von Enclaven, dann von ganzen Staaten an sein Zollsystem im Grunde mehr genehmigt als betrieben, oder wenn betrieben, doch nur selten im Geiste einer zusammenhängenden und folgerichtigen nationalen Politik. Auf Erweiterung seiner Macht im Interesse der einheitsbedürftigen Nation war es damals bewußter Weise so wenig aus, daß es kaum den benachbarten Kleinstaaten, sicher nicht den Mittelstaaten[1] Furcht vor politischer Aufsaugung einflößte. Es gründete denn auch den Zollverein noch ausschließlicher, als der Deutsche Bund war, auf die Gleichberechtigung aller Einzelstaaten groß wie klein und auf das absolutistische Princip der Alleinberechtigung der Regierungen. Die oberste Verwaltung sollte geführt werden, die Gesetzgebung abhängen von Regierungs-Bevollmächtigten, deren Jeder gleichviel zu sagen hatte wie der Andere, und [29/487] die selbstverständlich geheim beriethen. Das ganze Werk sollte zunächst vertragsmäßig bis zum Ende des Jahres 1841 bestehen; von da ab traten zwölfjährige Vertrags-Perioden ein.

---

[1] *Zu den Mittelstaaten würden etwa Bayern, Sachsen, Württemberg, Hannover und Baden gezählt werden. Kleinstaaten wären etwa die thüringischen Staaten und die Vorgängerstaaten des Herzogtums Anhalt.*

Die geschichtliche Entwicklung des Freihandels

Eine derartige Verfassung, aus lauter Mängeln zusammengesetzt, konnte sich nur dadurch überhaupt halten, daß der eine Fehler den anderen einigermaßen abschwächte. Es lag in ihr mit Nothwendigkeit das überlegene Emporkommen schutzzöllnerischer Gelüste, wenn überhaupt eine Bewegung im Tarif stattfand, und wenn nicht der freihändlerische Geist von 1802—18 in den preußischen Staatsmännern obenaufblieb. Das aber war keinesweges der Fall. Wie die Gewerbegesetzgebung zeigt, erlitt die höhere Büreaukratie in Berlin zwischen 1840 und 1860 einen entschiedenen Rückfall von den so lange befolgten Grundsätzen wirthschaftlicher Freiheit[1]. Diesen Halt des Freihandels hinweggedacht[2], was war natürlicher, als daß in den geheimen Berathungen einiger zwanzig oder dreißig an Instructionen gebundener Regierungsbevollmächtigter die schutzzöllnerischen Interessen die Oberhand hatten? Sie concentriren sich regelmäßig in wenigen, aber stark und lebhaft interessirten, gewöhnlich angesehenen und einflußreichen Personen, die es vergleichsweise leicht finden, das Ohr dieses oder jenes Regierungsmitgliedes zu gewinnen; während der Freihandel als ein dünner und gleichmäßiger vertheiltes Interesse der consumirenden Masse, was er immer ist, als ein ferner liegendes, schwieriger zu erkennendes Interesse auch der nationalen Produktion in der Regel unvertreten bleibt, wo die Stimme der Masse oder ihrer Wortführer sich nicht vernehmlich

---

[1] *So wurde etwa die Gewerbefreiheit wieder teilweise beschränkt oder die Freizügigkeit durch „Einzugsgelder" behindert.*

[2] *ausblenden, nicht berücksichtigen.*

machen kann. So begreift es sich, wie die regelmäßig wiederkehrenden Zollvereins-Conferenzen praktisch der besonders in Süddeutschland allgemein verbreiteten Zollschutz-Theorie verfielen. Die verschiedenen Schutz-Ansprüche halfen sich gegenseitig durch, und das öffentliche Interesse am Freihandel fand trotz seiner Bedeutung für den finanziellen Ertrag der Zölle[1] wenig Fürsprache oder Würdigung. Von nicht ganz vierzig Zollermäßigungen, welche während der [30/488] ersten drei Jahrzehnte des Zollvereins eingetreten sind, fallen, wie Professor Emminghaus[2] ausgerechnet hat, einige dreißig in die erste Zeit, 1834—1839, während welcher der Anstoß der alten preußischen Freihandelstendenz noch ein wenig nachwirkte. Vom Zolle befreit worden ist in der ganzen Zeit nur ein einziger Gegenstand, nämlich Kupfer. Trotzdem daß der Widerspruch des kleinsten Staats genügte, um jeden Beschluß zu hintertreiben, wurden achtundzwanzig Zollsätze erhöht, zum Theil zwei- und dreimal, einzelne auf das Doppelte, Dreifache und Vierfache. Ein so wichtiger und allgemeiner Verbrauchsgegenstand, wie das Eisen, wurde in seinem rohen Zustande der Zollpflicht frisch unterworfen.

---

[1] *Gemeint ist wohl, daß Schutzzölle, die gewissen Interessengruppen dienten, auch dann erhoben wurden, wenn sie für den Staat als Einnahme eigentlich bedeutungslos und zu aufwendig waren.*

[2] *Arwed Emminghaus (1831–1916) war ein deutscher Nationalökonom und Journalist. Er verfaßte 1908 auch ein Lebensbild über August Lammers: „August Lammers, Lebensbild eines deutschen Publizisten und Pioniers der Gemeinnützigkeit aus der zweiten Hälfte des vorigen Jahrhunderts".*

Die geschichtliche Entwicklung des Freihandels

Dieses Uebergewicht schutzzöllnerischer Politik mußte denn aber doch allmählich die näherbetheiligten Volksklassen zum Widerstande reizen. Das consumirende Publicum blieb noch stumm; aber seine natürlichen Sachführer, die Kaufleute in den Seehandelsstädten fingen an sich zu regen. Zumal von Hamburg und Stettin her protestirte man während der dreißiger und vierziger Jahre immer lebhafter, bewußter und grundsätzlicher sowohl gegen die Lehren List's und seiner Nachfolger, wie gegen die thatsächliche Entwicklung des Zollvereinstarifs. Die Hamburger Freihändler ließen sich davon nicht durch den Vorwurf abschrecken, den man von einigen lebendigen Versteinerungen der List'schen Theorie in Süddeutschland noch heute gelegentlich hören kann: daß die Hansestädte Factoreien[1] des Auslands auf deutschem Boden seien, von England angelegt oder bestochen, um den Deutschen das Interesse der englischen Industrie für eine wissenschaftliche Wahrheit zu verkaufen. Die Freihändler der Provinzen Pommern und Preußen faßten in Berlin Fuß, um dort die heilbringenden Ideen, welche man in den höchsten Regionen des Staats nachgrade[2] zu verleugnen anfing, nicht ohne ein conservirendes und ausstreuendes Gefäß zu lassen. Gespornt von der Theuerung der Jahre 1846 und 47[3]

---

[1] *Eine Faktorei war eine Handelsniederlassung von Kaufleuten in einem anderen Land, meist in einer Kolonie.*

[2] *geradezu.*

[3] *Die Preissteigerungen resultierten vor allem aus Mißernten, besonders durch die Kartoffelfäule.*

und gehoben von dem gleich-[31/489]-zeitigen siegreichen Durchbruch der Freihandels-Idee in England[1],
stiftete der schon seit mehreren Jahren in dieser Richtung schriftstellerisch thätige Prince Smith[2] 1847
den Berliner Freihandels-Verein. Aus diesem ging eine
förmliche Schule hervor — mehr Schule fast, als die
sogenannte Manchester-Schule[3]. Es gehörten dazu
Julius Faucher[4], Otto Michaelis[1], Otto

---

[1] *Abschaffung der Kornzölle 1846 und vieler anderer Zölle in den folgenden Jahren.*

[2] *John Prince-Smith (1809-1874) kam als Englischlehrer nach Preußen. Bereits im Vormärz setzte er sich für den Freihandel in Deutschland ein. Er wurde dabei ein Mentor für viele liberaler Ökonomen wie Otto Michaelis, Max Wirth oder Julius Faucher, die später führende Teilnehmer des Kongresses Deutscher Volkswirte waren. Von 1861 bis 1866 gehörte er dem Preußi-schen Abgeordnetenhaus an, von 1871 bis 1874 als Nationalli-beraler dem Deutschen Reichstag.*

[3] *Die Freihändler um Richard Cobden und John Bright und ihre Ansichten wurden in Großbritannien als „Manchester School" bezeichnet. Das war zunächst ironisch gemeint, weil es sich nicht um eine eigentliche Schule im wissenschaftlichen Sinne handelte. August Lammers meint die deutschen Freihändler, die oft als „Freihandelspartei" (nicht im Sinne einer politischen Ver-einigung, sondern als Richtung) bezeichnet wurden und sich ab 1858 im Kongreß deutscher Volkswirte formierten.*

[4] *Julius Faucher (1820-1878) studierte in Berlin Philosophie. Zu-sammen mit John Prince-Smith gründete er schon im Vormärz den Berliner Freihandelsverein. Als die Revolutionen von 1848 ausbrachen, war er an Aufständen in Stockholm beteiligt. Nach Deutschland zurückgekehrt, wurde er 1850 Herausgeber der Berliner Abendpost, die eine fast anarchistische Linie vertrat.*

Die geschichtliche Entwicklung des Freihandels

Wolff[2], Max Wirth[3] u. A., die sich damals mit dem reformatorischen Pathos erfüllten, das sie erst

---

Das Blatt ging ein, und Faucher begab sich nach England, wo er für den freihändlerischen „Morning Star" arbeitete und sogar zeitweilig Sekretär von Richard Cobden war. Wieder in Deutschland, war er ab 1862 mit Unterbrechungen Abgeordneter im Preußischen Abgeordnetenhaus, zunächst für die Deutsche Fortschrittspartei, später für die Nationalliberalen. 1863 begründete er die Vierteljahrschrift für Volkswirthschaft und Culturgeschichte.

[1] *Otto Michaelis (1826–1890) war ein deutscher Journalist, Ökonom und Politiker. 1867 wurde er als Vortragender Rat unter Rudolph von Delbrück ins Bundeskanzleramt des Norddeutschen Bundes berufen und war in dieser Funktion maßgeblich an der liberalen Gesetzgebung jener Jahre beteiligt.*

[2] *Otto Wolff war ein deutscher Journalist und Ökonom. Er gab von 1853 bis 1884 die Ostseezeitung heraus.*

[3] *Max Wirth (1822-1900) wurde als Sohn des Journalisten und Politikers Johann Georg August Wirth, eines Mitorganisators des Hambacher Festes, geboren. Er studierte von 1839 bis 1843 Rechtswissenschaften an der Universität Heidelberg und wurde dann Journalist. Mit seinem Bruder Franz Ulpian Wirth (1826–1897) begründete er in Frankfurt am Main das Wochenblatt "Der Arbeitgeber" (der Titel bezog sich dabei auf die Vermittlung von Arbeitsstellen, nicht auf die Vertretung der Arbeitgeberseite im heutigen Sinne). Er gehörte er dem Vorstand des Kongresses deutscher Volkswirte und des Nationalvereins an. 1861 gründete er den Frankfurter Arbeiterbildungsvereins mit. 1865 wurde er Direktor des statistischen Bureaus der Schweiz. 1874 zog er nach Wien und wurde Mitarbeiter der „Neuen Freien Presse" und Wiener Korrespondent des „Economist".*

zehn oder zwölf Jahre später Gelegenheit erhielten recht auf die thatsächlichen Zustände anzuwenden.[1]

Denn zunächst verschüttete die politische Erhebung der Nation im Jahre 1848[2] nun gewissermaßen die Grube, in welcher die Freihändler arbeiteten. Nichts zeigte drastischer die Hoffnungslosigkeit ihrer praktischen Bestrebungen für den Augenblick als die vollendete Unbekümmertheit, mit welcher sie in ihrem kurzlebigen Organ von dazumal[3], der Berliner Abendpost[4], den Staat theoretisch ganz abschafften[5], der ihnen in der Praxis keine Handhabe darbieten wollte. Ihre natürlichen nächsten Verbündeten, die Kaufleute der großen Handelsplätze, schickten Angesichts der Bemühungen des auf List zurückzuführenden Vereins zum Schutze deutscher Arbeit, den künftigen Reichszolltarif in seinem Sinne aufstellen zu lassen, im Herbst des vielbewegten Jahres Abgeordnete nach Frankfurt am Main, welche einen freihändlerischen

---

[1] *Gemeint sind ihre Aktivitäten im Kongreß deutscher Volkswirte ab 1858.*

[2] *Märzrevolution 1848.*

[3] *vor langen Zeiten.*

[4] *Die „Berliner Abendpost" ging 1850 aus der „Demokratischen Zeitung" hervor. Sie vertrat im heutigen Sinne anarchokapitalistische Positionen. Schon nach wenigen Monaten wurde ihr Vertrieb auf dem Postwege verboten, weshalb sie ihr Erscheinen einstellen mußte.*

[5] *Es wurde etwa für die Privatisierung der inneren Sicherheit und die Abschaffung der Steuern argumentiert.*

Mustertarif entwarfen. Allein dieser blieb selbstverständlich so gut Phantasie, wie die vom Parlament aufgesetzte Reichsverfassung[1]. Grade wie der letzteren gegenüber der alte deutsche Bundestag[2] sammt seiner Bundesacte[3], so setzte sich den freien Schöpfungen der Zollschutz- und der Freihandels-Partei gegenüber der Zollverein wieder zurecht, als ob nichts passirt wäre. Nur daß der Freihandels-Partei[4] die Luft der öffentlichen Verhandlung, welche sie hatte athmen dürfen, bei weitem besser bekam, als der Partei der Zoll-

---

[1] *„Verfassung des deutschen Reiches" vom 28. März 1849.*

[2] *Der Bundestag war das oberste Organ des Deutschen Bundes von 1815 bis 1848 und von 1850 bis 1866 mit Sitz in Frankfurt am Main im Palais Thurn und Taxis. Er war die einzige zentrale Institution, die für ganz Deutschland zuständig war.*

[3] *Die Deutsche Bundesakte wurde am 8. Juni 1815 auf dem Wiener Kongreß verabschiedet und zwei Tage später unterzeichnet. Durch sie wurde der Deutsche Bund als Staatenbund mit einundvierzig Mitgliedern begründet. Ähnlich wie beim Schweizer Bundesvertag beschränkte sich die Kompetenz des Bundes im Wesentlichen nur auf die äußere Verteidigung. Oberstes Organ war der von den Vertretern der Staaten gebildete Bundesrat mit Sitz in Frankfurt am Main. Im Zuge der März-Revolution wurde eine provisorische Zentralgewalt in Deutschland gebildet, an die der Deutsche Bund am 12. Juli 1848 seine Befugnisse übertrug und seine Tätigkeit damit einstellte. Nach der Niederschlagung der Revolution wurde er wiederbelebt und bestand bis zum Deutsche Krieg von 1866 weiter.*

[4] *Mit dem Begriff wurde nicht eine politische Organisation, sondern ein loses Netzwerk von freihändlerisch gesinnten Journalisten, Publizisten, Wissenschaftlern und Politikern bezeichnet.*

schutzinhaber. Der Verein zum Schutze der nationalen Arbeit siechte hin[1] trotz der 1850 einsetzenden allgemeinen Reaction der 1848 vorübergehend [32/490] entthronten Mächte. Dagegen wenn auch nicht der Berliner Freihandelsverein, so doch der neugestiftete Hamburger Verein für Handelsfreiheit setzte den Kampf noch Jahre lang fort. Konnte er auch nicht durch seine Agitation verhindern, daß der freihändlerischer verfaßte Steuerverein (Hannover, Oldenburg, Schaumburg-Lippe) mit dem 1. Januar 1854 im Zollverein aufging, weil hier das nationale Interesse mit der volkswirthschaftlichen Wahrheit stritt, und wenn man will, selbst das Freihandels-Interesse der Zukunft mit demjenigen der unmittelbaren Gegenwart[2], — so hielt er doch durch regelmäßige Veröffentlichungen die Fahne hoch, bis andere, kräftigere Arme sie ihm abnehmen konnten. Als der Hamburger Verein seiner thatsächlich erfolgarmen Predigt zuletzt anfing überdrüssig zu werden, bildete sich im Herbste 1858 zu Gotha der Congreß deutscher Volkswirthe[3], auf des-

---

[1] *anhaltend und immer schwerer krank sein.*

[2] *August Lammers meint vermutlich, daß die Beschränkung des Freihandels nach außen durch den Deutschen Zollverein dadurch aufgewogen wurde, daß dieser die deutsche Einheit vorbereitete, mit der dann letztlich doch der Freihandel allgemein durchgesetzt wurde.*

[3] *Der Kongreß Deutscher Volkswirte wurde 1858 begründet und umfaßte Wissenschaftler, Publizisten und Politiker, die an einer Liberalisierung der Gesetzgebung interessiert waren. Ihm gehörten viele an, die später Abgeordnete im preußischen Abgeordnetenhaus und im Reichstag wurden, zumeist für die Deutsche*

Die geschichtliche Entwicklung des Freihandels

sen Programm keine Forderung höher stand als die des Freihandels. Die Berliner Schule[1] von 1847—48 bildete in dieser Hinsicht seinen Kern; es stellte sich aber heraus, daß während der Jahre gezwungener äußerer Unthätigkeit zahlreiche gute Köpfe sich volkswirthschaftlichen Studien hingegeben, und allesammt gefunden hatten, daß Freihandel und Zollschutz durchaus nicht etwa mehr oder weniger gleichberechtigte Principien von beiderseits nur relativer Wahrheit seien, sondern jener einfach d i e Wahrheit, dieser der Irrthum. Was den Augenblick zur Wiederaufnahme der früheren kurzen Propaganda geeignet machte, war der innere Aufschwung Preußens unter der Regentschaft[2]. Indessen ward sie schon im folgenden Jahre gekreuzt[3] und mindestens an der Entwicklung eigentli-

---

Fortschrittspartei oder den linken Flügel der Nationalliberalen. Zu nennen wären hier etwa: Karl Braun, Julius Faucher, Wilhelm Lette, John Prince-Smith, Hermann Schulze-Delitzsch, Moritz Wiggers oder Leopold Sonnemann.

[1] *Gemeint ist die Gruppe um den Berliner Freihandelsverein.*

[2] *1857 erlitt der preußische König Friedrich Wilhelm IV. mehrere Schlaganfälle, die ihn regierungsunfähig machten. Nachdem die Stellvertretung durch seinen Bruder Wilhelm (den späteren Kaiser Wilhelm I.) dreimal verlängert worden war, stimmte der kranke König am 7. Oktober 1858 der Regentschaft des Prinzen zu. Die ersten Amtshandlungen des Regenten setzten sich vom bisherigen reaktionären Regierungsstil durch eine gewisse Liberalität ab, weshalb die Phase ab 1858 als „Neue Ära" bezeichnet wurde.*

[3] *konterkariert, verhindert.*

cher agitatorischer Wirksamkeit gehindert durch die neue politisch-nationale Bewegung[1], welche sich an dem verführerischen Vorgang Italiens[2] entzündete. Man mußte sich begnügen, die ernsteren Geister unter den Gebildeten von der Unhaltbarkeit der schutzzöllnerischen Trugschlüsse zu überzeugen. So trieb man insbesondere aus den Reihen der höheren Büreaukratie das seit 1840 aufgenommene schwächende Gift wieder ziemlich hinaus. Dies sollte [33/491] von Bedeutung werden bei dem freihändlerischen Anstoß, der nun im Jahre 1860, von England ausgehend, auf dem Wege über Paris unser zersplittertes Vaterland traf.[3]

---

[1] *Der Deutsche Nationalverein wurde 1859 gegründet und bestand bis 1867. In ihm schlossen sich liberale Politiker aus ganz Deutschland zusammen, deren Ziel eine Vereinigung auf liberaler Grundlage und unter der Führung Preußens war. Da es besonders in Süddeutschland auch protektionistisch ausgerichtete Mitglieder gab, spielte der Freihandel als Forderung keine Rolle.*

[2] *Der Sardinische Krieg oder auch Zweiter Italienischer Unabhängigkeitskrieg war einer der drei Italienischen Unabhängigkeitskriege. Er wurde 1859 zwischen dem Kaisertum Österreich und dem Königreich Sardinien und dessen Verbündetem Frankreich unter Napoléon III. geführt. Durch den Sieg über Österreich wurde der Weg zur Gründung des Königreichs Italien am 17. März 1861 freigemacht. Das weckte auch entsprechende Hoffnungen in Deutschland.*

[3] *Deutschland war zu der Zeit ein loser Bund aus weitgehend unabhängigen Staaten. Der beschriebene Umweg führte über den Handelsvertrag von 1860 zwischen Großbritannien und Frankreich (Cobden-Chevalier-Vertrag), woraufhin Frankreich Handelsverträge auch mit den deutschen Staaten anregte. Siehe dazu auch die folgende Schilderung.*

Ehe England sich zu radicaler freihändlerischer Reform seines Zolltarifs auf dem Wege der Gesetzgebung entschloß, hatten seine Staatsmänner eine Weile dem überall früher oder später sich regenden Gedanken gefröhnt, dergleichen geschehe besser auf dem Wege des Vertrags mit anderen Nationen. Sie glaubten damals auch den „einseitigen Freihandel" vermeiden zu müssen, der fremde Erzeugnisse hereinläßt, ohne gleichzeitig und im nämlichen[1] Maße den einheimischen Erzeugnissen fremde Märkte zu öffnen. Aber sie kamen bald von dieser Idee zurück. Hören wir, was Gladstone darüber in einem Briefe an das Parlamentsmitglied für Sheffield vom 11. Februar 1856 berichtet hat: „Zwischen 1841 und 45 war ich im Handelsamt, und das war die Zeit, während welcher England sich die größte Mühe gab, mit den bedeutendsten Staaten der civilisirten Welt Verträge wegen beiderseitiger Ermäßigung der Einfuhrzölle abzuschließen. Wir setzten Eifer genug daran; aber es mißlang uns überall, ja der Ausgang war mehr als bloßes Mißlingen. Das ganze Vorgehen schien uns in eine falsche Stellung zu versetzen. Es veranlaßte, daß fremden Staaten diejenigen Aenderungen in ihren Gesetzen, welche, wenn auch allerdings vortheilhaft für andere Völker, doch ihren eigenen Angehörigen bei weitem größeren Vortheil gebracht haben würden, nun wesentlich als

---

[1] gleich.

ein Geschenk an diese Anderen und eben deshalb mit Eifersucht und Argwohn betrachteten." Im Jahre 1846 ging England daher einseitig vor[1], und die glückliche Wirkung war augenfällig genug, um auch auf dem Festlande Aufsehen zu machen und die herrschenden Vorurtheile zu erschüttern. Gleichwohl fürchtete Gladstone dieselben auch zur Zeit des angeführten Briefes noch durch neue Vertrags-[34/492]-verhandlungen nur wieder zu beleben. Die Gelegenheit des den Krimkrieg[2] beendigenden Pariser Friedens[3], um welche es sich damals handelte, ging folglich unbenutzt vorüber. Der italienische Krieg von 1859[4] war zu Ende, ehe eine neue sich zeigte und ergriffen wurde.

In Frankreich war die Freihandelslehre der Physiokraten[5] niemals populär geworden. Ein matter Anlauf

---

[1] *Großbritannien (in Deutschland meist mit England identifiziert) öffnete seine Märkte einseitig für alle anderen Länder.*

[2] *Der Krimkrieg dauerte von 1853 bis 1856 und begann als der zehnte Russisch-Türkische Krieg. Auf Seiten der Türkei griffen 1854 Frankreich, Großbritannien und das Königreich Sardinien ein. Der Krieg endete mit einem Sieg der Alliierten über Rußland.*

[3] *Der Pariser Frieden beendete am 30. März 1856 den Krimkrieg.*

[4] *Sardinischer Krieg oder Zweiter Italienischer Unabhängigkeitskrieg, siehe Fußnote weiter oben.*

[5] *Die Physiokraten waren eine der ersten wirtschaftswissenschaftlichen Schulen, die im 18. Jahrhundert durch François Quesnay (1694-1774) im Zeitalter der Aufklärung gegründet wurde. Ihre Grundannahme war, daß allein die Natur (Physiokratie = Herrschaft der Natur) den Reichtum eines Landes her-*

zu freierem auswärtigen Verkehr, wie er in dem nach
dem britischen Unterhändler E d e n[1] benannten Vertrage von 1785 mit England lag, wurde durch den
Ausbruch der Revolution bald vollkommen gelähmt;
und diese, die im Innern mit allen Vorrechten gewaltsam brach, erhob den natürlichen näheren Anspruch
der inländischen Producenten auf Versorgung des
consumirenden Volkes zu einem gesetzlichen,
sanctionirte das Unrecht des Zollschutzes, das Napoleon dann in der Continentalsperre auf einen wahnsinnigen Gipfel trieb. Während der ersten drei Jahrzehnte
dieses Jahrhunderts gab es in Frankreich wohl Anhänger und Nachfolger von A d a m S m i t h wie J. B.
S a y[2], D e s t u t t d e T r a c y[3] u. s. f., aber über die
engsten Kreise von Gelehrsamkeit und Bildung ging
deren Propaganda nicht hinaus. Ludwig Philipp's[4] Re-

---

vorbringt, welcher von anderen Wirtschaftszweigen nur umgeformt wird. Wichtige Vertreter der Schule waren Richard Cantil-
lon (1680-1734), Anne Robert Jacques Turgot (1727-1781) und
Honoré Gabriel de Riqueti, comte de Mirabeau (1749-1791).

[1] William Eden, 1st Baron Auckland (1745-1814) war ein britischer Staatsmann und Diplomat. Durch den "Eden Treaty" zwischen Großbritannien und Frankreich wurden 1786 (nicht 1785,
wie Lammers schreibt) von beiden Ländern verschiedene Zölle
gesenkt.

[2] Jean-Baptiste Say (1767–1832) war ein französischer Ökonom.

[3] Antoine Louis Claude Destutt, comte de Tracy (1754-1836) war
ein französischer Philosoph der Aufklärung, Ökonom und Politiker.

[4] Louis-Philippe I. (1773-1850) war in der sogenannten Juli-

gierung zog sogar das Schutzzöllnerthum gradezu
groß, indem sie sich hauptsächlich auf eine bevorrech-
tete kleine Elite der bürgerlichen Classen stützte. Es
gibt selbst in Frankreich kaum einen eingefleischteren
Schutzzöllner als Thiers[1], einen der überlebenden
Träger und Vertreter der Orleans-Regierung[2].

Unter solchen Umständen befremdet es nicht zu
hören, daß es Jahre dauerte, bevor der französischen
Presse und durch sie dem französischen Publicum nur
ein Begriff von der Bedeutung der englischen Agitation gegen die Kornzölle beiging[3]. Auch dann war es
beinahe noch ein Zufall, daß man überhaupt aufmerksam wurde. In einem Club des kleinen Orts Mugron
am Adour[4] unweit bei Bayonne[5] erhob sich eines Tags
ein Streit, ob es denkbar sei, daß der damalige englische Ministerpräsident Sir [35/493] R o b e r t P e e l, wie
französische Blätter voller Entrüstung erzählten, in
offener Parlamentssitzung Frankreich als auf den un-

---

monarchie von 1830 bis 1848 „König der Franzosen".

[1] Adolphe Thiers (1797–1877) war ein französischer Politiker.

[2] König Louis-Philippe gehörte zum Haus Bourbon-Orléans.

[3] mit etwas anfangen, an etwas herangehen.

[4] Mugron ist eine französische Gemeinde im Département Landes in der Region Aquitanien. Der Adour ist ein Fluß im Südwe-
sten Frankreichs, der in den Regionen Midi-Pyrénées und Aquitanien verläuft.

[5] Bayonne ist eine französische Stadt im Département Pyrénées-
Atlantiques in der Region Aquitanien.

tersten Rang der Nationen heruntergekommen charak-
terisirt hätte. Der anwesende Frédéric Bastiat,
damals noch ein ganz namenloser Privatgelehrter und
Gutsbesitzer, bestritt es als undenkbar. Um sich aber
zu vergewissern, bestellte er sich den laufenden Jahr-
gang des Londoner Globe[1]. Er fand dann selbstverständlich sofort, daß er Recht gehabt hatte; aber er
fand weit mehr. Er entdeckte die wunderbare Bewegung, welche die Handelspolitik der ganzen Welt um-
zugestalten bestimmt war, und von der bis dahin die
französischen Zeitungen nicht sowohl aus Böswillig-
keit, als weil sie für derartige Dinge kein Verständniß
besaßen, nicht die mindeste Notiz genommen hatten.
Alsobald[2] machte Bastiat, der theoretisch nicht erst
bekehrt zu werden brauchte, sich daran, seine Lands-
leute aufzuklären. Er setzte sich mit der Liga[3] in Verbindung, reiste im Hochsommer des Jahres 1845 selbst
nach England, schüttelte Cobden und dessen Genossen die Hand, und stellte in seinem Erstlingswerke
„Cobden et la ligue"[4] die hauptsächlichen Ereignisse,
Reden u. s. w. zusammen. Das Buch hatte einen uner-
warteten Erfolg: es trug seinem vorher völlig unbe-
kannten Verfasser den Titel eines Correspondenten

---

[1] *"The Globe" war eine 1803 von Christopher Blackett gegründete Zeitung, die 1921 in der Pall Mall Gazette aufging.*

[2] *kurz danach, in Kürze.*

[3] *Anti-Corn Law League.*

[4] *Vollständiger Titel des Originals von 1845: „Cobden et la Ligue
ou L'agitation anglaise pour la liberté des échanges".*

des Instituts[1] ein, und entband[2] in zahlreichen Köpfen die schlummernden Keime der Freihandelsansicht. Bastiat aber hatte es auf die vor ihm liegende große Lebensaufgabe hingewiesen. Er entfaltete nun sein außerordentliches Talent, trockene volkswirthschaftliche Stoffe lebendig und anziehend zu behandeln. Die Sammlung kleiner selbständiger Artikel, welche den zusammenfassenden Namen „Sophismes Economiques"[3] führt, wird in dieser Beziehung immer ein classisches Muster bleiben. Zugleich schloß er sich aufs feurigste den auftauchenden freihändlerischen Bestrebungen weiterer Kreise an oder rief sie selbst hervor.

Den ersten Anknüpfungspunct gewann er in Bordeaux, dessen Hauptgeschäft, die Weinausfuhr, bei freihändlerischen Re-[36/494]-formen nur gewinnen konnte und dessen Maire[4] Dufour-Dubergié[5] sich mit Eifer an die Spitze der Bewegung stellte. Die dortige Handelskammer glaubte damals den stärksten Schritt vorwärts, welchen man machen könne, in einer Zolleinigung mit dem politisch verbündeten Belgien zu erblicken. Bastiat warnte vor dieser Verengung

[1] hier im Sinne einer Einrichtung.

[2] entfesseln.

[3] „Sophismes économiques" (erschienen 1845 bis 1848).

[4] Bürgermeister.

[5] Lodi-Martin Duffour de Barte (1797-1860) war ein Weinhändler und von 1842 bis 1848 Bürgermeister von Bordeaux.

des Programms, die dessen Popularität nur Eintrag thun werde[1]; und, wie das thatsächliche Verstummen dieser Forderung zeigt, mit Erfolg.

Sein Sinn wäre dahin gegangen, sich mit wenigen, aber ganz und innig überzeugten Meinungsgenossen zu einer auf den Grund gehenden Agitation zu verbinden. Nur eine absolute, nicht mit Wenns und Abers eingeschnürte Idee, das glaubte er aus der englischen Bewegung gelernt zu haben, werde im Stande sein das Volk in seinen Tiefen aufzuregen. Er würde sich indessen voraussichtlich überzeugt haben, daß eine ökonomische Idee in Frankreich diese Kraft damals überhaupt nicht besaß. Widerwillig bekehrte er sich allmählich zu Cobden's Satz, daß die Bewegung, welche in England von unten nach oben gegangen sei, in Frankreich von oben nach unten gehen müsse. Er ließ sich gefallen, ja warb selbst an solche glänzende „Eigennamen" wie den Herzog von Harcourt[2], Lamartine[3], Béranger[4], den Pair[5] Anisson-

---

[1] *nachteilig sein.*

[2] *Vermutlich ist François-Eugène-Gabriel, duc d'Harcourt (1786-1865) gemeint, ein französischer Diplomat und Politiker.*

[3] *Alphonse Marie Louis Prat de Lamartine (1790-1869) war ein französischer Schriftsteller und Politiker.*

[4] *Pierre-Jean de Béranger (1780–1857) war ein französischer Lyriker und Liedtexter.*

[5] *„Pair" war ein Adelstitel in Frankreich (dem englischen „peer" entsprechend).*

August Lammers

Duperron[1] u. s. f. Indem er zu solchen Zwecken Paris durcheilte, lernte er den Mangel bedeutenden Vermögens schmerzlich empfinden. „Wenn ich," schrieb er Cobden am 25. März 1846, „anstatt zu Fuße vom Einen zum Andern zu rennen, bis auf den Rücken hinauf beschmutzt, um den Tag über nur Einen oder Zwei zu treffen und dann nur ausweichende oder aufschubsuchende Antworten zu erhalten, sie in einem vornehmen Salon an meiner Tafel vereinigen könnte, wieviel Schwierigkeiten würden hinter mir liegen. Glauben Sie mir, es fehlt mir weder an Kopf noch an Herz. Aber ich fühle, daß dieses stolze Babylon nicht mein Platz ist; ich muß in meine Einsam-[37/495]-keit zurückkehren und meine Mitwirkung auf einige Journal-Artikel, einige Schriften beschränken."

Eben dazu drängte ihn bald noch unwidersprechlicher der Mangel ausgiebiger Körperkraft, ein sich langsam ausbildendes Brust- und Halsleiden[2], das ihn nach ein paar weiteren Jahren dahinraffen sollte. Aber es gab Niemanden, der statt seiner die Seele der Agitation hätte werden können. In England ein wahrer Ueberfluß, eine die wirksamste Arbeitstheilung ermöglichende Mannigfaltigkeit praktischer Talente — in Frankreich eigentlich nur der eine Bastiat. Wie er die mehr auf schriftstellerische als auf höhere geschäftliche Thätigkeit hinweisende Art seiner Begabung auch

---

[1] *Graf Alexandre-Jacques-Laurent Anisson, genannt "Anisson-Dupéron" (1776-1852) war ein hoher französischer Beamter und Politiker.*

[2] *Frédéric Bastiat starb 1850 an Tuberkulose.*

fühlte (noch am 20. März 1847 schrieb er: „es mangelt uns nach wie vor ein Mann der That"), er mußte einwilligen in Paris zu bleiben und Organisator, Publicist, Redner, Reisender der Agitation, kurz alles in allem zu sein. Nicht einmal aus der Schar der jüngeren Männer, welche sich ihm anschlossen, so enthusiastisch er sie auch anzuregen wußte, entwickelten sich hervorragende Apostel[1] seines Glaubens; oder von wem ließe sich im heutigen Frankreich sagen, daß er auf eigne Hand, aus innerem Drange der Freihandelssache wesentliche Dienste leiste?

Am 2. April 1846 schickte er C o b d e n den Plan der Wochenschrift Le Libre Echange[2], die das Organ der französischen Freihandelspartei[3] ward. Kurz darauf konnte er constatiren[4], daß die Bewegung, die vor einem halben Jahre noch kein Blatt in ganz Frankreich für sich hatte, deren fünf in Paris, drei in Bordeaux, je zwei in Marseille und Bayonne, eins in Havre gewonnen habe. Im darauf folgenden Winter wurden in Paris öffentliche Sitzungen abgehalten, die nicht ohne star-

---

[1] *Bote, Botschafter, weniger im religiösen Sinne, auch wenn die Kampagne der Anti-Corn Law League mit großem moralischem Eifer geführt wurde. Richard Cobden wurde als der „Apostel des Freihandels" bezeichnet. Ein Slogan der League war „Free Trade is Jesus Christ, and Jesus Christ is Free Trade".*

[2] *Freihandel.*

[3] *Partei im Sinne einer politischen Richtung, nicht einer Organisation.*

[4] *feststellen.*

ken Zulauf und rednerische Erfolge der Sprecher blieben. Bastiat für seine Person fügte Cyklen[1] von Vorträgen für die studirende Jugend hinzu. Aber es kam doch nicht der rechte siegreiche Zug, ja nicht einmal Einheit in die Bewegung. Marseille und Havre sonderten [38/496] sich ab, weil man in Paris vermeintlich nicht practisch genug verfahre. In dem aus Mugron datirten Briefe vom 25. Juni 1846, worin B a s t i a t seinem großen Freunde jenseits des Canals[2] Glück zum errungenen Siege[3] wünscht, schildert er die in Frankreich zu überwindenden Hindernisse: „Wir haben weder Eisenbahnen noch billiges Porto. Wir sind nicht an Beiträge zu öffentlichen Zwecken gewöhnt. Der französische Geist sträubt sich gegen jede Art von hierarchischer Gliederung. Man ist im Stande, die Statuten einer Geschäftsordnung[4] oder das Arrangement[5] einer Versammlung ein Jahr lang zu discutiren. Endlich, was das Schlimmste ist, wir haben keine wahren Volkswirthe. Ich habe nicht Zwei gefunden, die fähig wären, Sache und Lehre in ihrer ganzen Richtigkeit zu fassen, und in den Schriften derer, welche sich hier zu Lande Freihändler nennen, kommen die gröbsten Irrthümer

---

[1] *Reihe (wörtlich: Kreis).*

[2] *Richard Cobden.*

[3] *Abschaffung der Kornzölle 1846.*

[4] *Eine Geschäftsordnung ist die Gesamtheit der Bestimmungen, die die Verfahrensweisen regeln.*

[5] *Gestaltung.*

und Schwächen vor. Communismus[1] und Fourierismus[2] nehmen die Jugend in Beschlag, und wir werden eine Menge von Außenwerken zu zerstören haben, bevor wir die Festung selbst nur angreifen können." In dieser Aufzählung ist noch übergangen, was sonst fast in jedem Briefe wiederkehrt: der französische Nationalhaß gegen England. „Das Geschrei gegen das perfide Albion[3]," schreibt er z. B. am Weihnachtstage des Jahres 1846, „erstickt uns." Die Aufnahme hervorragender Politiker aller Farben in den Freihandelsbund[4] nöthigte diesen, jede politische Partei zu schonen, und durch solche Rücksichten die Schärfe seiner Waffen abzustumpfen. Gleichwohl sind alle Parteien im Her-

---

[1] *Als „Kommunismus" wird in der Zeit ein wirtschaftliches System mit Gemeineigentum bezeichnet. „Sozialismus" wäre ein System, bei dem der Staat die Wirtschaft steuert.*

[2] *Charles Fourier (1772-1837) war ein französischer Sozialist, der eine wirtschaftliche Ordnung auf der Basis von „Phalanstères" (Kommunen mit exakt 1620 Mitgliedern) vorschlug. Mehrfache Versuche, das System in den USA umzusetzen, scheiterten jeweils binnen weniger Jahre.*

[3] *Albion ist ein antiker Name für die Britischen Inseln. Der Ausdruck "perfides Albion" für die angebliche Hinterhältigkeit der englischen Außenpolitik stammt aus dem Gedicht "L'Ère des Français" von Augustin Louis de Ximénès (1728–1817) von 1793, wurde aber auch schon von Jacques-Bénigne Bossuet verwendet.*

[4] *Die "Ligue du libre-échange" wurde 1846 von Frédéric Bastiat in Anlehnung an die Anti-Corn Law League gegründet. Sie bestand bis 1940.*

zen gegen ihn; denn alle wollen herrschen, die Macht besitzen und gebrauchen. „Hätte ich zwanzig Jahre weniger auf dem Nacken und eine feste Gesundheit, so würde ich den gesunden Menschenverstand zum Harnisch, die Wahrheit zur Lanze nehmen, und mich sicher fühlen, allen Widerstand aus dem Felde zu schlagen. Aber ach! ungeachtet ihres edlen Ursprungs vermag die Seele nichts ohne den Körper" (9. November 1847).

Die Februar-Revolution[1] setzte dem französischen Freihandels-Feldzug ein Ziel[2], indem sie die Geister ablenkte. Die Hinneigung der Jugend zu socialistischen Träumen und Gewaltstreichen, welche Bastiat unter den schwersten Hindernissen seiner Predigt aufgeführt hatte, trug nun ihre bitteren Früchte.[3] Bastiat selbst mußte den Rest seiner Kräfte auf die Bekämp-

---

[1] *Mit der Revolution im Februar 1848 wurde das Königreich abgeschafft und die Republik eingeführt.*

[2] *Ende.*

[3] *Nach der Revolution im Februar 1848 wurde die Zweite Französische Republik etabliert. Diese richtete nach dem Plan des Sozialisten Louis Blanc (1811-1882) sogenannte "Nationalwerkstätten" ein, in denen Arbeitslose vom Staat beschäftigt werden sollten. Schon am 23. Juni kam das Experiment zu einem Ende, und die in den Werkstätten beschäftigten Arbeiter sollten entlassen werden. Daraufhin entwickelte sich ein Aufstand in Paris („Juni-Schlacht"), der bis zum 26. Juni 1848 andauerte und von der Nationalgarde unter General Louis Eugène Cavaignac (1802-1857) niedergeschlagen wurde. Dabei kamen mehr als 10.000 Menschen ums Leben oder wurden verletzt.*

fung der grade obenaufgelangten Hirngespinnste des Socialismus verwenden und starb Ende des Jahres 1850, bevor der Mann, welcher seine Sache später mit günstigeren Chancen aufnehmen sollte, Zeit und Gelegenheit gefunden hatte, sich als Freihändler zu demaskiren[1]. Von Bastiat's bewundernswerther Propaganda blieb kaum eine Spur zurück, und in seinem inhaltreichen Briefwechsel mit Cobden sind praktisch wichtiger, als die ihn vorzugsweise ausfüllenden Beziehungen auf die französische Agitation, jene seltenen Winke geworden, welche sich darin vorfinden hinsichtlich der allseitigen Ausbildung der englischen Freihandelspolitik, ihres Einflusses insbesondere auf Verminderung von Heer und Flotte[2] und auf das Colonialsystem[3].

Bastiat schloß die Augen ohne Hoffnung für die Verwirklichung der Idee, in deren Dienste er sich aufgerieben hatte, und doch stand sein glücklicherer Nachfolger bereits an der Spitze des Staats. Als

---

[1] offenbaren (hier ohne negative Konnotationen).

[2] Richard Cobden setzte sich für internationale Abrüstung ein und schlug vor, daß Streitigkeiten zwischen Staaten friedlich durch Schiedsgerichte beigelegt werden sollten.

[3] Die Freihändler sprachen sich gegen Kolonien aus. Richard Cobdens Vision war die, daß England (nicht unbedingt Großbritannien, zu dem in der Zeit auch noch Irland gehörte) ganz alleine besser fahren würde, weil es die „Werkstatt der Welt" (workshop of the world) sein könnte. Dieses Ziel wurde als „Little Englandism" von seinen Gegnern verspottet.

August Lammers

Flüchtling war Louis Napoleon[1] in England Zeuge der Agitation gegen die Kornzölle gewesen, und die ihr zu Grunde liegende große Wahrheit hatte ihn überzeugt. Nachdem er die beiden siegreichen Kriege[2], welche er dem Nimbus[3] seines Namens schuldig zu sein glaubte, hinter sich hatte, begann er gegen seine Vertrauten die Neigung an den Tag zu legen, das grade Gegentheil von der Continentalsperre seines Onkels[4] zu thun. Mit

---

[1] *Nach der Restauration der Bourbonenherrschaft ab 1814 lebte Louis Napoleon als der Neffe von Kaiser Napoleon hauptsächlich in der Schweiz, deren Staatbürger er 1832 sogar wurde (aber auch Franzose blieb, was möglich war). Nach einem Putschversuch 1836 wurde er in Frankreich inhaftiert und nur unter der Bedingung entlassen, daß er in die USA emigrierte, was er auch tat. 1837 kehrte er in die Schweiz zurück, woraufhin Frankreich seine Auslieferung verlangte. Die Schweiz weigerte sich. Louis Napoleon mußte dennoch nach Großbritannien weiterziehen. Von dort organisierte er 1840 einen weiteren Putschversuch, der ebenfalls scheiterte. Zu lebenslanger Haft in Frankreich verurteilt, konnte er 1846 nach Großbritannien fliehen.*

[2] *Gemeint sind der Krimkrieg von 1853 bis 1856 (Sieg der Allianz mit Frankreich gegen Rußland) und der Sardinische oder Zweite Italienische Unabhängigkeitskrieg 1859 (Sieg zusammen mit dem Königreich Sardinien gegen Österreich).*

[3] *Heiligenschein, besonderer Ruf, Renommee.*

[4] *Napoleon Bonaparte (1769-1821) war zunächst französischer General. Weil er noch nicht 40 Jahre alt war, konnte er nicht Mitglied im Direktorium werden. Kurz darauf putschte er am 9. November 1799 (18. Brumaire VIII). Er machte sich dann zum Kaiser von Frankreich.*

den Kammern[1] hätte es freilich ungeachtet ihrer Ge-
fügigkeit Noth gehabt; dafür steckte die schutzzöllnerische Anschauungsweise den Franzosen durchweg zu
tief im Blute. Aber der Abschluß von Handelsverträgen war in der Verfassung der Krone allein vorbehal-
ten. Auf diese Art ließ sich dem Freihandel ein Hinter-
[40/498]-pförtchen aufthun. Es fragte sich nur, ob England, an das der Kaiser natürlich zunächst denken
mußte, ebenfalls bereit sein werde den Vertragsweg zu
betreten. Seine Regierung hatte, wie wir oben aus
Gladstone's Mittheilung entnahmen, mit dem Versuch freihändlerischer internationaler Verträge üble
Erfahrungen gemacht. Die Freihändler von reinem
Wasser waren grundsätzlich gegen Handelsverträge,
weil bei der Unterhandlung derselben der falsche
Standpunkt kaum zu vermeiden war, als sei nur vermehrter Absatz ein Vortheil für ein Volk, nicht auch
vermehrter Bezug von Waaren, — und namentlich
deshalb, weil sie nicht wollten, daß dieselbe Waare je
nach ihrem Ursprung bald höher bald niedriger ver-
zollt werde (Differenzialzölle). Daher ergriff des Kaisers volkswirthschaftlicher Vertrauter Michel Chevalier[2] die Gelegenheit, welche eine Parlamentsrede
Bright's über finanzielle Politik vom 21. Juli 1859[3]

---

[1] Es gab den „Corps legislatif", das eigentliche Parlament, und
den Senat, eine Art Oberhaus. Beide hatten nur begrenzten Einfluß auf die Politik. Die Regierung war unmittelbar dem Kaiser
unterstellt und nicht dem Parlament gegenüber verantwortlich.

[2] Michel Chevalier (1806-1879) war ein französischer Ökonom
und Freihändler.

[3] Am 21. Juli 1859 schlug der Führer der Opposition, der Tory

darzubieten schien. Bright hatte empfohlen, statt der gegenseitigen Ueberbietung in Rüstungen zu Wasser und zu Lande dem Kaiser der Franzosen einmal eine Ermäßigung des Weinzolls in Aussicht zu stellen, falls er geneigt sei das Monopol seiner Fabrikanten auf den heimischen Markt zu beschränken. Chevalier machte Cobden darauf aufmerksam, daß der Kaiser gar nicht abgeneigt sei so zu handeln; Cobden sprach mit Gladstone, dem damaligen Schatzkanzler, und dieser ermächtigte ihn nach Rücksprache mit dem Ministerpräsidenten Lord Palmerston[1] zu vorläufig unamtlichen Unterhandlungen mit dem Kaiser und dessen Rathgebern.

In London bestand übrigens schon eine der Eröffnung Michel Chevalier's entgegenkommende Stimmung. Cobden war im April 1859 aus Amerika zurückgekehrt[2] und hatte bei der Landung in Liver-

---

Disraeli, vor, eine Außenpolitik des Friedens und der Neutralität zu verfolgen, kombiniert mit einer klugen Verwaltung der Staatsfinanzen. Finanzminister William Ewart Gladstone brachte in der Debatte eine auf ein Jahr befristete Einkommenssteuer ins Spiel. John Bright kritisierte das scharf und schlug stattdessen einen Handelsvertrag mit Frankreich vor.

[1] *Henry John Temple, 3. Viscount Palmerston (1784-1865) war ein britischer Politiker und Premierminister von 1855 bis 1858 und von 1859 bis 1865. Er begann seine Karriere als Tory, wechsele dann aber zu den Whigs, die schließlich in der Liberalen Partei aufgingen. Von 1830 bis 1851 war er Außenminister.*

[2] *Das ist nicht richtig. Richard Cobden erreichte Liverpool erst am 29. Juni.*

pool Lord Palmerston's Anerbieten[1] vorgefunden, das Handelsministerium zu übernehmen, was er zwar ablehnte, was ihn und seine Freunde aber doch in nähere, freundlichere Berührung mit den Ministern brachte. So kam wiederholt zur Sprache, was man thun könne, den Freihandel weiter [41/499] auszubreiten; und wäre der Deutsche Zollverein[2] damals schon der handlungs- und bewegungsfähige Körper gewesen, der er jetzt ist, hätte England zu Preußen gestanden wie heute, wer weiß, ob nicht die englische Initiative in Berlin der französischen in London zuvorgekommen wäre?

Den Herbst und Winter 1859 hindurch verhandelte Cobden in Paris. Am 23. Januar 1860 wurde der englisch-französische Handelsvertrag[3] geschlossen, der den Freihandel auf das europäische Festland übertrug. England ermäßigte vor allem seine Zölle auf Einfuhr von Wein und Spirituosen; Frankreich ging von förmlichem Verbot oder verbotgleich wirkender Besteue-

---

[1] Angebot.

[2] Der Deutsche Zollverein trat durch den am 22. März 1833 unterzeichneten Zollvereinigungsvertrag am 1. Januar 1834 in Kraft. Er ersetzte schrittweise die bisherigen Zollvereine (preußisch-hessischer, mitteldeutscher, süddeutscher Zollverein und den Steuerverein). Die Gründungsmitglieder waren neben Preußen das Großherzogtum und das Kurfürstentum Hessen, Bayern, Württemberg, Sachsen und die thüringischen Staaten. Später traten die meisten deutschen Staaten bei, aber nicht Österreich.

[3] auch unter dem Namen Cobden-Vertag oder Cobden-Chevalier-Vertrag bekannt.

rung über zu Sätzen, welche in mehreren Absätzen[1] auf 8 bis 22 Procent des Waaren-Werthes sanken. Die Schutzzöllner auf beiden Seiten des Wassers behaupteten natürlich den Ruin der nationalen Industrie prophezeien zu müssen. Zum Glück aber hatten sie nur in England, wo sie schwach waren, vermöge[2] ihrer Parlamentssitze mitzusprechen, und in Frankreich, wo sie stark, ja fast allein vertreten waren, verfassungsmäßig keine Stimme. Ihre unheilvollen Prophezeiungen sind denn auch nicht verwirklicht worden, und gegenwärtig denkt weder Frankreich noch England an eine Kündigung des 1870 ablaufenden, beiden Theilen so vortheilhaften und ihren Verkehr unter sich so erheblich befördernden Vertrags.[3]

Wie aber die schon angedeuteten Gefahren der Tarifreform durch Handelsverträge vermeiden, namentlich die der verschiedenen Behandlung eingehender Waaren je nach ihrem Ursprungsland? In England half man sich kurz und gut durch Verallgemeinerung der vertragsmäßig bestimmten Zollermäßigungen für alle betreffenden Waaren ohne Rücksicht auf das Ursprungsland. Es gab keinen besonderen, herabgesetzten Zolltarif für den Verkehr mit Frankreich; die Zollsätze des französischen Vertrags wurden in den

---

[1] *Schritte, Stufen.*

[2] *durch.*

[3] *Dem Vertrag traten später auch die Schweiz, Belgien und Italien bei. Er wurde 1892 von Frankreich beendet.*

allgemeinen Tarif aufgenommen.[1] In Paris dagegen wählte man ein weitläufigeres[2], aber dem Ansehen der kaiserlichen [42/500] Politik und vielleicht auch der Sache des freien Verkehrs überhaupt zu Statten kommendes Verfahren. Man eröffnete Unterhandlungen mit den übrigen Nachbarstaaten[3], um den Austausch mit ihnen ebenfalls von nachtheiligen und entbehrlichen Fesseln zu befreien. So gab man der freihändlerischen Entwicklung Westeuropas allerdings einen starken und nachhaltigen Anstoß. Daß aber aus der Ersetzung des einheitlichen Tarifs durch die Tarife so vieler verschiedener Verträge nicht ein unübersehbares und an sich wieder schädliches Chaos von Differenzialzöllen hervorgehe, verhinderte die berühmte Clausel von der „meistbegünstigten Nation"[4]. Es wurde stehend[5], in allen derartigen Verträgen sich gegenseitig die Behandlung auf dem Fuße der meistbegünstigten Nation zuzusichern, d. h. den ohne weiteres erfolgenden Eintritt weitergehender Zollherabsetzungen und anderer

---

[1] *Das entspricht der freihändlerischen Ansicht, daß Freihandel nicht eine Begünstigung anderer, sondern ein Vorteil für das eigene Land ist und deshalb möglichst allen Ländern gewährt werden sollte.*

[2] *ausgedehnt, mehr als unbedingt nötig.*

[3] *so etwa Belgien, der Schweiz und Italien, aber auch den deutschen Staaten.*

[4] *„most favored nation": jede Begünstigung für ein Land muß allen Ländern gewährt werden.*

[5] *üblich.*

ähnlicher Rechte, welche anderen Nationen früher zugestanden sein oder später zugestanden werden möch-
ten, auch für die vertragschließende Nation. Dies ist
die wahre Freihandels-Clausel der modernen Handelsverträge; vermöge ihrer ist zu einem Werkzeug der
Freiheit geworden, was einst als eine der übelsten Er-
findungen der Theorie vom gemeinnützigen Zollschutz galt.

Der Deutsche Zollverein war neben Belgien und
der Schweiz der erste Staat, welchem Frankreich nach
dem Abschluß des Handelsvertrags mit England ein
ähnliches Uebereinkommen anbot. Das Anerbieten[1]
fiel in die Zeit der Zusammenkunft Napoleon's III.
mit dem Prinz-Regenten von Preußen[2] zu Baden-
Baden im Sommer 1860. Preußen ließ sich von den
übrigen Staaten Vollmacht zu den entsprechenden Unterhandlungen ertheilen; Frankreich machte nähere
Vorschläge, und im Herbst 1860 traten die beiderseiti-
gen Unterhändler in Berlin zusammen. Doch ging es
mit ihrer Arbeit langsam. Die französischen Werthzölle stimmten schlecht zu den deutschen Gewichtzöllen;
der Weinzoll [43/501] verursachte große Schwierigkeit u.

---

[1] *Angebot.*

[2] *der spätere König Wilhelm von Preußen und Kaiser Wilhelm I.,
der zu der Zeit als Regent für seinen nicht regierungsfähigen
Bruder König Friedrich Wilhelm IV. fungierte.*

Die geschichtliche Entwicklung des Freihandels

s. f. Erst im Februar 1862 kam das Werk durch Annahme des preußischen Ultimatums in Paris zu Stande. In der langen Zwischenzeit hatten die feindlichen Elemente, wirthschaftlich-schutzzöllnerische sowohl als politisch-antipreußische, sich auf ihr Verhältniß zu der Sache besinnen, sich sammeln, sich verbünden können. Ihnen gab Oesterreich einen Halt, indem es in einer Depesche[1] vom 7. Mai 1862 die Annahme der am 29. März paraphirten[2] preußisch-französischen Vereinbarungen durch den Zollverein für eine Störung und Hintansetzung[3] seines soviel älteren und heiligeren Vertragsverhältnisses erklärte.

Eine kräftigere Politik, als die damalige preußische war, hätte über allen diesen Widerstand wahrscheinlich leicht und rasch triumphirt. Denn auch ohne den Vortheil einer energischen und geschickten Führung sprach sich das öffentliche Bewußtsein der Nation unzweideutig für den Vertrag aus. Schon aus der Haltung der Tagespresse ging dies hervor. Es zeigte sich dann weiter, als der Agitator des „Vereins für deutsche Industrie,"[4] Dr. v o n K e r s t o r f[5] in Augsburg, etwa

---

[1] eine Eilnachricht, meist per Telegramm übermittelt.

[2] einen Vertrag als Bevollmächtigter vorläufig unterzeichnen.

[3] Zurückstellen.

[4] Der "Verein für deutsche Industrie" konstituierte sich 1861. Er vertrat schutzzöllnerische Positionen.

[5] Friedrich Ferdinand Pappenheimer von Kerstorf (1804-1880) war ein Kaufmann und Bankier.

gleichzeitig mit der österreichischen Depesche[1] die deutschen Industriellen gegen die Annahme des Vertrags mobil zu machen suchte. Schon die Versammlungen von Angehörigen bestimmter einzelner Productionszweige, welche er klüglich voraufgehen ließ, fielen keineswegs durchgängig in seinem Sinne aus; auf der allgemeinen Fabrikanten-Versammlung aber, welche am 27. Mai 1862 zu Frankfurt a. M. stattfand, wurde er gradezu geschlagen, die Mehrheit der als präsumtiv[2] feindlich geladenen Interessenten sprach sich zu Gunsten des ihrem Hasse empfohlenen Vertrags aus. Ebenso ging es am 17. October 1862 auf dem zweiten deutschen Handelstag[3], obwohl derselbe in München stattfand, wo die Antipathien gegen Preußen und den Freihandel entschieden überwogen, zahlreiche österreichische Handelsvorstände nur dieses Gegenstandes halber, d. h. um gegen den deutsch-französischen Vertrag zu stimmen, [44/502] vertreten waren, und der Präsident, obwohl ein Preuße — der seitdem verstorbene David Hansemann[4] —, aus

---

[1] *eine Eilnachricht, meist per Telegramm übermittelt.*

[2] *mutmaßlich, als wahrscheinlich angenommen.*

[3] *Der "Allgemeine Deutsche Handelstag" (Vorläufer des heutigen "Deutschen Industrie- und Handelskammertags) wurde in Heidelberg am 13. Mai 1861 durch Vertreter der Handelskammern im Gebiet des Deutschen Zollvereins auf Initiative von Theodor Frey (1814-1897) gegründet.*

[4] *David Justus Ludwig Hansemann (1790-1864) war ein Kaufmann und Bankier. Er war einer der bekanntesten liberalen Politiker in der preußischen Rheinprovinz und als Finanzminister*

schutzzöllnerischen Gesichtspuncten nach Kräften die Annahme zu hintertreiben suchte. 104 gegen 90 Stimmen erklärten sich für unbedingte Annahme.

Inzwischen aber hatten bereits noch gewichtigere Körperschaften ihre Voten in dieselbe Wagschale geworfen. Die sächsische Zweite Kammer[1] war die erste deutsche Volksvertretung, welche über den Vertrag mit Frankreich verhandelte; und nicht obgleich, sondern weil unter dem Einfluß des Herrn v. Beust[2], erklärte sie sich am 17. Juni 1862 einstimmig für denselben. Die Interessen der sächsischen exportirenden Industrie sprachen allzu laut für die Eröffnung des französischen Marktes, der sich den englischen Concurrenten bereits erschlossen hatte, und wenn von Wien her in Dresden etwa aufgewiegelt wurde, so wiegelte ein Blick auf Paris wieder ab. Am 25. Juli folgte das preußische Abgeordnetenhaus mit 264 gegen 12 Stimmen, — so wenig hatte der Widerspruch rheinisch-westfälischer Schutzzöllner Wurzel im Volk; am 1. August einstimmig das Herrenhaus[3]. Tags darauf

---

einer der führenden Politiker der preußischen Märzregierungen nach der Revolution von 1848.

[1] *sächsisches Abgeordnetenhaus.*

[2] *Friedrich Ferdinand von Beust (1809-1886) war seit 1849 sächsischer Außenminister. Er verfolgte eine antipreußische und proösterreichische Politik für Sachsen. Als diese mit der Niederlage Österreichs 1866 scheiterte, mußte er auf Druck Bismarcks abdanken und ging nach Österreich ins Exil. Dort wurde er Außenminister und kurzzeitig sogar Ministerpräsident.*

[3] *die erste Kammer des Preußischen Landtags, in etwa dem*

unterzeichnete die preußische Regierung, gestützt auf diese vielsagende Kundgebung[1] ihres Landtags, ihrerseits den Vertrag, d. h. sie band sich förmlich an denselben. Die Gegner mußten nun die Hoffnung wohl aufgeben, das ganze Werk rückgängig zu machen. Aber sie hatten immerhin noch eine Nothfrist bis zum Ende des Jahres 1865, weil da erst die Zollvereinsverträge abliefen, und nicht früher also Preußen einen unwiderstehlichen Trumpf, die Auflösung des Zollvereins und Wiedererrichtung der inneren Zollschranken in Deutschland, auf die Annahme der beabsichtigten Tarifreform setzen konnte. Mit dieser begann man sich überdies in immer weiteren Kreisen zu befreunden. Wenn auch nicht der bestehende Zollschutz, so doch die sonstigen stillen Einflüsse der Zeit hatten eine große Zahl Industrieller „erzogen"[2], zur Freihandelsansicht bekehrt. In diesem Sinne sprach sich z. B. [45/503] die würtembergische Centralstelle für Handel und Gewerbe[3] zu Gunsten des Vertrags aus, indem sie

---

Oberhaus in Großbritannien entsprechend, mit teilweise erblichen, teilweise ernannten Mitgliedern.

[1] Äußerung.

[2] August Lammers nimmt hier ironisch das Schlagwort der „Erziehungszölle" von Friedrich List auf. Diese sollten die inländische Industrie „erziehen", damit sie konkurrenzfähig werden würde.

[3] Das Königreich Württemberg wollte sich 1848 nicht wie andere Staaten ein eigenes Handelsministerium leisten und gründete deshalb ein "Landeskollegium" unter dem Minister des Innern. Hieraus entstand die "Königlich Württembergische Zentralstelle für Gewerbe und Handel".

das Interesse der Industrie, welcher sie dienen sollte, über einst bekannte falsche Principien und über die nach Oesterreich neigenden politischen Sympathien ihrer vorgesetzten Regierung erhob. Während des Jahres 1863 drehte sich der fortdauernde Streit weniger um den Tarif des deutsch-französischen Vertrags, als um die Clausel der meistbegünstigten Nation, insofern diese ein innigeres Verhältniß zu Oesterreich als zu Frankreich und anderen Ländern ausschloß. Der Kampf wurde mehr und mehr politisch; dem verhaßten Preußen sollte eine Niederlage beigebracht werden, wiewohl es in dieser Sache, wenn auch anfänglich mit unbegründeter Geheimhaltung gegen das Publicum, doch mit der vollsten Loyalität gegen die ihm handelspolitisch verbündeten deutschen Regierungen verfahren war. Der freihändlerische Gehalt des Vertrages durfte schon für durchgesetzt gelten, als die Ratificationen[1] der drei Mittelstaaten Bayern, Würtemberg und Hannover noch lange ausstanden.

Nachdem die Frage übrigens einmal auf das politische Feld getragen worden war, hatte ihre Lösung ohne starke Druckmittel keine Aussicht mehr. Im Hochsommer des Jahres 1863 nahm die österreichische Politik einen Anlauf, die deutsche Bundesreform-Bewegung[2] für ihre Zwecke auszubeuten und Preußen

---

[1] *rechtskräftige Unterzeichnung eines Vertrags.*

[2] *Der Deutsche Bund war notorisch handlungsunfähig, weil Beschlüsse einstimmig getroffen werden mußten. Seit Ende der 1850er Jahre gab es deshalb verschiedene Vorschläge für Reformen. Österreich unterbreitete 1863 auf dem Frankfurter Fürstentag die "Frankfurter Reformakte". Ziel war es der wachsen-*

August Lammers

auf den Rang eines Mittelstaates hinabzudrücken; im
Spätherbst löste der Tod des letzten König-Herzogs
das Schleswig-Holstein an Dänemark fesselnde staats-
rechtliche Band[1], und Oesterreich machte wieder mit
Preußen Front gegen die von den Mittelstaaten
theilweise gestützte patriotische Aufwallung der Nation[2]. Das war nicht die Zeit, in welcher Preußen sich
mit sämmtlichen Mittelstaaten über eine Frage gütlich
hätte verständigen können, welche mehr durch die
Gegner als die Anhänger zu einem Prüfstein seiner
Führerschaft gemacht worden war. Da jedoch der Tag

---

*den Macht Preußens im Deutschen Bund entgegenzuwirken,
dessen König dem Fürstentag auch entsprechend fernblieb. Der
Vorschlag ging darauf hinaus, daß der Bundestag durch eine
fünfköpfige Regierung (Direktorium) als Exekutive ersetzt und in
drei weitere Gremien für die Gesetzgebung und Vertretung der
Gliedstaaten aufgespalten werden sollte. Außerdem hätte es ein
Bundesgericht geben sollen und der Bundeszweck wäre auch
auf die rechtliche Vereinheitlichung erweitert worden.*

[1] *Der dänische König war bis 1864 zugleich Herzog von Schleswig (als dänisches Lehen) sowie von Holstein und Lauenburg (als
Teil des Deutschen Bundes). Nach dem "Londoner Protokoll" von
1852 wurde die Erbfolge geändert: in Dänemark konnte auch
eine Tochter die Linie fortsetzen, während das für das Herzogtum Holstein und das Herzogtum Lauenburg nicht möglich war.
Da König Friedrich VII. (1808-1863) kinderlos starb, trennten
sich die Herrschaftsansprüche nach seinem Tod, was letztlich
zum Deutsch-Dänischen Krieg von 1864 führte.*

[2] *Holstein und Lauenburg hatten eine deutsche Bevölkerung,
Schleswig eine teilweise deutsche, teilweise dänische. Aus deut-
scher Sicht gehörten zumindestens die deutschen Gebiete zu
Deutschland und nicht zu Dänemark.*

herannahte, wo der Zollverein gekündigt werden mußte, falls er [46/504] nicht über das Jahr 1865 hinaus fort-
bestehen sollte, der letzte December 1864, so eröffnete Preußen den übrigen Zollvereinsstaaten, daß es nur
mit denjenigen unter ihnen den Zollverband fortsetzen werde, welche sich bis zum letzten September
1864 unter Annahme des deutsch-französischen Handelsvertrags dazu bereit erklärt haben würden. Gegen
diesen Streich hatten die widerstrebenden Regierungen
keine Waffe; um so weniger, da das Verhältniß zwischen ihnen und Oesterreich seit dem erfolglosen
Ausgang des Fürstentags[1] und der schleswig-
holsteinischen Erhebung[2] so lau geworden war.
Zehnmal lieber den verhaßten Vertrag annehmen, als
auf den Zollverein verzichten, die Binnenschranken
sich mitten in Deutschland wieder erheben sehen —
das war die Stimmung auch in den abgeneigtesten
Volkskreisen. Die Rücksicht auf die Staatsfinanzen
machte sich in der nemlichen[3] Richtung vielleicht

---

[1] *Der "Frankfurter Fürstentag" tagte vom 17. August bis zum 1.
September 1863 auf Einladung des österreichischen Kaisers in
Frankfurt am Main und beriet über eine Reform des Deutschen
Bundes. Allerdings fehlte unter den versammelten Fürsten der
preußische König.*

[2] *Als "Schleswig-Holsteinische Erhebung" werden üblicherweise
die Vorgänge von 1848 bis 1851 bezeichnet, bei denen die Her-
zogtümer Schleswig und Holstein von den deutschen Staaten
unterstützt, sich erfolglos von Dänemark zu lösen suchten. Gemeint sind hier aber vielleicht eher die Vorkommnisse im Vorlauf
zum Deutsch-Dänischen Krieg von 1864.*

[3] *gleich.*

noch gebieterischer geltend. Wie der Präsident des Volkswirthschaftlichen Congresses[1], Dr. Braun[2], auf der Zusammenkunft in Hannover Ende August 1864[3]

---

[1] Die „Volkswirtschaftlichen Kongresse" waren die jährlichen Versammlungen des 1858 begründeten Kongresses deutscher Volkswirte.

[2] Karl Braun wurde am 20. März 1822 in Hadamar im Herzogtum Nassau geboren. Nach dem Abitur studierte er Philologie und Rechtswissenschaften zunächst in Marburg dann in Göttingen. 1843 trat er in den Staatsdienst ein. Während der Revolution war Karl Braun im „Demokratischen Verein Wiesbaden" tätig. Etwas später gehörte er als Abgeordneter dem nassauischen Parlament (Fraktion: Club der Linken) an. Nach Niederschlagung der Revolution arbeitete er als Anwalt und war an der Gründung des Kongresses deutscher Volkswirte beteiligt, dessen Sitzungen er ab 1859 vorsaß. Als Nationalliberaler wurde Karl Braun für den Wahlkreis Wiesbaden in den Konstituierenden Reichstag und den ersten ordentlichen Reichstag gewählt, weshalb er auch häufig zur Unterscheidung "Braun-Wiesbaden" genannt wurde. Mit der reaktionären Wende Bismarcks in den 1870ern wuchsen die Spannungen innerhalb der Nationalliberalen Partei. 1880 trat der linke Flügel aus und gründete die "Liberale Vereinigung" (auch "Sezession" oder "Sezessionisten" genannt), der auch Karl Braun angehörte. 1884 fusionierte die Liberale Vereinigung mit der Deutschen Fortschrittspartei zur Deutsch-Freisinnigen Partei, für die Karl Braun dem Reichstag angehörte. 1891 zog er nach Freiburg im Breisgau, wo er am 14. Juli 1893 starb. Bei Libera Media sind von ihm erschienen: „Für Gewerbefreiheit und Freizügigkeit durch ganz Deutschland" (1860), „Studien über Freizügigkeit" (1863) und „Die Freizügigkeits-Gesetzgebung der Schweiz" (1864).

[3] Dies war der siebte Kongreß, der vom 22. bis zum 25. August 1864 in Hannover stattfand.

Die geschichtliche Entwicklung des Freihandels

vorhersagte, so geschah es: vor dem 1. October, wenn auch zum Theil nur sehr kurz vorher, hatten sämmtliche widerstrebende Regierungen ihr Ja nach Berlin geschickt. Am 1. Juli 1865 trat der neue Tarif ins Leben, — ein halbes Jahr früher, als ohne den Handelsvertrag Preußen im Stande gewesen wäre eine durchgreifende freihändlerische Reform ins Werk zu setzen.

Die militärisch-diplomatischen Ereignisse des folgenden Jahres[1] haben es dann möglich gemacht, auch die der trägen Fortdauer des Bestehenden und in zweiter Linie dem Zollschutz so günstige unfruchtbare Verfassung des Zollvereins zu ändern. Den Vertretern der Regierungen sind frei gewählte Vertreter der Nation an die Seite gesetzt[2], und beide, sowohl der Bundesrath des Zollvereins[3] wie das Zollparlament, entscheiden nach Mehrheitsbeschlüssen, während früher auf der Conferenz der Regierungsbevollmächtigten

---

[1] *Gemeint ist der Deutsche Krieg von 1866, bei dem sich Preußen mit seinen Verbündeten in Norddeutschland einerseits und andererseits der Deutsche Bund (nur die süddeutschen Staaten) unter Führung Österreichs gegenüberstanden. Anlaß waren Streitigkeiten über Schleswig-Holstein, das seit 1864 von Österreich und Preußen verwaltet wurde.*

[2] *Gemeint ist das Zollparlament, das zwischen 1868 und 1870 existierte. Es bestand aus den 297 Abgeordneten des Norddeutschen Reichstags sowie 85 in den süddeutschen Staaten gewählten Abgeordneten.*

[3] *Der Bundesrat des Zollvereins bestand aus dem Bundesrat des Norddeutschen Bundes sowie Vertretern der süddeutschen Staaten.*

allein Einstimmigkeit Bedingung jedes Fortschritts
war. So ist also neben der Entwicklung des Tarifs
durch neue [47/505] Handelsverträge, welche ihren Weg
geht, die noch werthvollere Möglichkeit freihändlerischer Reformen durch Acte nationaler Gesetzgebung
gewonnen worden. Während der ersten beiden Sessio-
nen des Zollparlaments[1] hat es damit allerdings nicht
gelingen wollen. Aber der eigentliche Grund lag außerhalb dieser Institution, in dem Mangel an Einver-
ständniß zwischen Regierung und Volksvertretung in
Preußen und der noch vorhandenen Unfertigkeit in
der Organisation des Norddeutschen Bundes. Sobald
einmal eine competente finanzielle Leitung in Berlin
das Steuer führt, wird nichts mehr im Wege sein, daß
sowohl die letzten Schutzzölle abgeschafft wie der Tarif von seinen jetzt noch überzahlreichen Positionen
auf wenige einträgliche und vernünftiger Weise be-
steuerbare Artikel des Massenverbrauchs beschränkt
wird.[2]

Dahin drängen augenscheinlich überwiegende gei-
stige Kräfte. Ins Bundeskanzleramt[3] hat der entschei-

---

[1] *Das Zollparlament tagte vom 27. April bis 23. Mai 1868, vom
3. Juni bis 22. Juni 1869 und vom 21. April bis zum 7. Mai 1870.
Da August Lammers seine Rede 1869 hält, spricht er nur über
die ersten beiden Sitzungsperioden.*

[2] *August Lammers denkt hier an mäßige Zölle, die nicht zum
„Schutz" von Industrien, sondern nur als Einnahme des Staates
analog zu Steuern im Inland erhoben werden.*

[3] *Bismarck war Bundeskanzler des Norddeutschen Bundes (Vorläufer der Position des Reichskanzlers ab 1871). Das Bundeskanzleramt wurde von Rudolph von Delbrück (1817-1903) gelei-*

dende Staatsmann[1] zwei Männer gezogen, welche, der Eine als Unterhändler des französischen und anderer Verträge[2], der Andere in der parlamentarischen und publicistischen Sphäre[3], längst für emphatische[4] Vertreter der Freihandels-Idee galten. Die übrigen Regierungen, namentlich in Nord- und Mittel-Deutschland neigen sämmtlich ebendahin, wenn ihnen auch natürlich immer der finanzielle Gesichtspunkt im Vordergrunde steht. Im Zollparlament mustert[5] die Freihandelspartei fast soviele Zehner wie die ausgemachten Schutzzöllner Einer. Eine thätige schutzzöllnerische Agitation als solche besteht nicht mehr; ein paar Handelskammern huldigen noch eher verschämt als laut der List-Kerstorf'schen Lehre, diese oder jene Zeitung zweiten oder dritten Ranges öffnet ihr noch einmal gelegentlich ihre Spalten. Dagegen sind so ziem-

---

tet, der eine liberale Wirtschaftspolitik verfolgte.

[1] *Otto von Bismarck.*

[2] *Delbrück war am Zustandekommen des Handelsvertrags von 1862 mit Frankreich und an ähnlichen Verträgen mit Belgien und Italien beteiligt.*

[3] *Otto Michaelis (1826–1890) war ein deutscher Journalist, Ökonom und Politiker. 1867 wurde er als Vortragender Rat unter Rudolph von Delbrück ins Bundeskanzleramt des Norddeutschen Bundes berufen und war in dieser Funktion maßgeblich an der liberalen Gesetzgebung jener Jahre beteiligt.*

[4] *mit Nachdruck, entschieden.*

[5] *aufweisen.*

lich alle großen Blätter Deutschlands, die Frankfurter[1]
eingeschlossen, ausgeprägt freihändlerisch, die meisten
Handelskammern ebenso, und eine wohlgeleitete, er-
folgreiche Körperschaft, die Delegirten-Conferenz der
Seehandelsplätze, hat sich vorzugsweise geradezu der
Tarif-Reduction geweiht. Unter diesen Umständen
wird zweifelsohne [48/506] schon eine der nächsten
Zusammenkünfte des Zollparlaments den deutschen
Zolltarif einer ähnlichen heilsamen Operation unter-
ziehen sehen, wie sie der englische im Jahre 1846 —
oder vielmehr, wie er sie erst in den funfziger[2] und
sechsziger Jahren durch Gladstone's consequente
Ermäßigungen und Streichungen erfahren hat.[3]

Die siegende Freihandelslehre ist in Deutschland
neuerdings einem nicht sowohl praktisch erheblichen
als anspruchsvollen theoretischen Angriff ausgesetzt
gewesen durch die Uebersetzung eines amerikanischen

---

[1] Die "Frankfurter Zeitung" wurde 1856 als „Frankfurter Ge-
schäftsbericht" von Leopold Sonnemann und Heinrich Bernhard
Rosenthal in Frankfurt am Main begründet. Sie war eine der
führenden demokratischen Zeitungen in Deutschland.

[2] alte Variante zu: fünfzig.

[3] Im Jahre 1846 wurden nur die Kornzölle beseitigt. Weitere Zölle folgten dann erst später.

Die geschichtliche Entwicklung des Freihandels

Schutzzöllner, H. C. Carey[1]. Den meisten deutschen Volkswirthen durch seine Widerlegung der Lehre Ricardo's[2] von der Bodenrente[3] werth, hat Carey, gleichwohl für seine tendenziöse[4] Unterscheidung zwischen „Handel" und „Verkehr" und darauf gegründete Verherrlichung des Zollschutzes unter uns kaum Anhänger gefunden, sondern ist in dieser Hinsicht von vornherein als eine Frucht des geistigen Samens, welchen Friedrich List bei seinem Aufenthalt in den Vereinigten Staaten[5] dort ausgestreut hatte, und als der wissenschaftliche Ausdruck des bisher in Nordamerika praktisch herrschenden Schutzzöllnerthums[6] begriffen

---

[1] *Henry Charles Carey (1793-1879) war ein amerikanischer Nationalökonom.*

[2] *David Ricardo (1772-1823) war ein britischer Ökonom.*

[3] *David Ricardo definierte die Grundrente ("land rent") als „jener Teil des Produkts der Erde, der dem Grundeigentümer für den Gebrauch der ursprünglichen und unzerstörbaren Kräfte des Bodens gezahlt wird". Im Jahre 1809 formulierte er sein "Law of rent", was er in seinem Hauptwerk "On the Principles of Political Economy and Taxation" ausführte. Das Gesetz besagt, daß die Grundrente dem wirtschaftlichen Vorteil bei gleichem Einsatz von Arbeit und Kapital entspricht, der sich aus dem produktivsten Einsatz des Bodens ergibt gegenüber einem marginalen Einsatz von Boden zu demselben Zweck.*

[4] *Carey argumentierte, daß der von Ricardo behauptete Zusammenhang unrealistisch sei und sich nicht empirisch feststellen lasse.*

[5] *parteiisch, voreingenommen.*

[6] *Die USA hatte im 19. Jahrhundert hohe Zölle, was mit Argu-*

worden. Solange die Nachwirkungen der colonialen Abhängigkeit von England dauerten, war dasselbe dort nicht aufgekommen. Der Zolltarif von 1789[1] nahm 5 pCt. des Waarenwerthes als richtigen Zollsatz an. Aber theils die zunehmenden finanziellen Bedürfnisse der Union, theils die herausfordernden Maßregeln Frankreichs und Englands während ihres vieljährigen Kriegszustandes, die nicht ohne empfindlichen Einfluß auf die Neue Welt blieben, halfen andern Stimmungen zum Durchbruch. Embargo[2], Handelsverbote und Zollkrieg wechselten mit einander ab. Nach der Wiederherstellung des Friedens aber war die Zollschutz-Idee wenigstens im Norden entschieden obenaufgekommen. Vergebens widersetzte sich der freihändlerische Süden. Er war mächtiger als der Norden, wenn es sich um seine schlechte Eigenthümlich-[49/507]-keit, die Sklaverei handelte; aber er war gewöhnlich schwächer, wenn er für die allgemeine Wohlthat freien Verkehrs focht. Das zeigte sich am schlagendsten im Jahre 1832, wo ein Südländer Präsident war, der eiserne Andrew Jackson[3], trotzdem aber im Congreß neue schutzzöllnerische Erhöhungen durchgingen, und vom Präsidenten nicht etwa mit seinem

---

menten gerechtfertigt wurde, daß man nur unter einem „Zollschutz" eigene Industrien aufbauen könne.

[1] Der "Tariff Act" wurde am 1. Juli 1789 verabschiedet.

[2] Unterbindung des Handels.

[3] Andrew Jackson (1767-1845) war von 1829 bis 1837 der siebte Präsident der USA.

verfassungsmäßigen Veto belegt, sondern gegen die offene Auflehnung des Südens mit der rücksichtslosesten Entschlossenheit durchgeführt wurden. Später gewann der Süden nicht allein für die Sklaverei, sondern auch für den Freihandel wieder Boden. Gegen 1860 hatte er den Zolltarif von durchschnittlich 48 pCt. des Waarenwerthes auf die Hälfte oder noch weniger heruntergedrückt. Allein da siegte in der Präsidentenwahl A b r a h a m   L i n c o l n[1], der Bürgerkrieg brach aus[2], und im Norden wurde die Schutzzollpartei vorerst allmächtig. Die Kriegsjahre brachten immer neue Erhöhungen der Zollsätze und Auferlegung neuer Zölle. Man stieg wieder völlig bis zu durchschnittlich 48—50 pCt. vom Waarenwerthe hinauf. Ja, selbst nach der Unterwerfung des Südens und der damit sich ergebenden namhaften Abnahme der Bundesausgaben kam diese Tendenz noch zu keinem Stillstand; im letzten Winter[3] schmiedeten einflußreiche Congreßmitglieder, die noch fortdauernde Abwesenheit zahlreicher Vertreter des Südens ausbeutend[4], einen neuen

---

[1] *Abraham Lincoln (1809-1865) war von 1861 bis 1865 der sechzehnte Präsident der USA.*

[2] *Der Amerikanische Bürgerkrieg dauerte von 1861 bis 1865 an.*

[3] *also im Jahre 1868.*

[4] *Die Südstaaten hatten mit der Sezession ihre Abgeordneten abberufen. Nach dem Amerikanischen Bürgerkrieg wurden sie in fünf Militärdistrikte unterteilt, die von der Armee der Union regiert wurden. Die Repräsentation der Südstaaten wurde schrittweise von 1866 bis 1870 wieder hergestellt, nachdem die Staaten neue Verfassungen erlassen hatten.*

Zolltarif, der auf durchschnittlich 60 pCt. des Waarenwerthes hinaufsteigt.

Damit lief der Becher indessen denn doch über. In Newyork konnte der Freihandels-Bund, der dort schon seit einigen Jahren bestand und unter des Dichters Bryant[1] Vorsitz ein unerwünscht stilles Dasein führte, es plötzlich wagen, Massenversammlungen zu berufen, seine Mitgliederliste zu veröffentlichen und überhaupt in seiner Agitation einen neuen zuversichtlicheren Ton anzunehmen. Noch etwas wichtiger aber war, was sich im April dieses Jahres zu Boston begab. Dort sagten sich die Fabrikbesitzer der geschützten Bekleidungs-Industrie vom Zollschutz [50/508] los, nein mehr, sie eröffneten einen Feldzug für den Freihandel, und zwar mit höchstem Nachdruck. Dadurch ist das Bündniß der verschiedenen schutzzöllnerischen Interessen gesprengt, das bisher im Congreß jeden hohen Zollsatz durchdrückte, welchen eins von ihnen für sich nöthig erachtete. Die Spinner[2] und Weber Neuenglands finden, daß sie bei diesem Abkommen mehr als ihren pflichtmäßigen Antheil an der Zeche bezahlen. Sie könnten, wenn keine Schutzzölle beständen, Kohlen und Eisen billiger beziehen als aus Pennsylvanien, Wolle billiger als aus Ohio, Kupfer billiger als aus Michigan u. s. f. Ihr eigenes Monopol auf die Versorgung der Vereinigten Staaten mit Wollen- und

---

[1] *William Cullen Bryant (1794-1878) war ein amerikanischer Dichter, Journalist und der Herausgeber der "New York Evening Post".*

[2] *Besitzer von Spinnereien.*

Baumwollenstoffen entschädigt sie für diese Lasten
des eingegangenen Pacts nicht mehr, denn sie haben
nachgrade[1] im Westen, Dank dem hohen und langan-
dauernden Zollschutz, Concurrenten bekommen, welche sowohl den Absatz wie die den Arbeitern not-
hwendigen Bodenerzeugnisse unmittelbar vor der
Thür haben, und die neuenglischen Industriellen folglich mit wachsender Leichtigkeit aus dem Felde schlagen. Diese letzteren machen daher so zu sagen am eigenen Leibe die Erfahrung, daß Carey's doctrinäre
Unterscheidung zwischen innerem und auswärtigem
Handel wenig Trost gewährt, wenn man auf den letzteren practisch angewiesen ist; sie sind daher ent-
schlossen, den Kampf gegen den Zollschutz jetzt mit
demselben unnachgiebigen Ernste aufzunehmen wie
vor einem Menschenalter den Kampf gegen die Sklaverei. Dieser hat bekanntlich von Boston ebenfalls
seinen Ausgang genommen. Es fehlt auch nicht ganz
an Abolitionisten[2], welche schon vor dreißig Jahren
den inneren Zusammenhang zwischen der Verdammung der Sklaverei und der Verdammung des sogenannten Zollschutzes begriffen, sich aber bescheiden
mußten, zunächst das eine Ziel zu verfolgen, da das
andere von der Mehrzahl ihrer Genossen und Lands-
leute verkannt, und nur von ihren Feinden im Süden,
den Sklavenhaltern gewürdigt wurde. Einer dieser
principienfesten, narbenbedeckten Veteranen des
Kampfes [51/509] für wirthschaftliche Wahrheit, Willi-

---

[1] *geradezu.*

[2] *Gegner der Sklaverei und Befürworter ihrer Abschaffung.*

am Lloyd Garrison[1], nahm auf der ersten großen Freihandels-Versammlung in Boston am 20. April das Wort und segnete die Stunde, welche endlich einen unnatürlichen Ideen-Bund gelöst hat, und ihm erlaubt, nun auch für die zweite große Forderung der Vernunft gemeinschaftlich mit früheren Freunden und früheren Widersachern einzutreten.

Auch mit früheren Widersachern, — denn die Pflanzer in den Südstaaten werden nicht aufgehört haben Freihändler zu sein, weil sie haben aufhören müssen Sklaven zu halten. Ihre Interessen weisen sie darauf hin; und wohl mögen sie selbst eine berechtigte Genugthuung in dem Gedanken finden, daß nach ihrer Lieblingssünde, der Sklaverei, nun auch an die Lieblingssünde des Nordostens, den Zollschutz, die Reihe der Ausrottung kommt. Wenn ihre Vertreter erst einmal vollzählig im Congreß erschienen sein werden[2], so bedarf es offenbar nur mäßiger moralischer Eroberungen[3] des Freihandels im Norden, um ihm in der Gesetzgebung die Mehrheit zu verschaffen. Diese aber werden ihm um so eher gelingen, da auch der fernere Westen mehr nach dem Süden und dem

---

[1] *William Lloyd Garrison (1805-1879) war ein US-amerikanischer Schriftsteller und Abolitionist.*

[2] *Ab 1870 waren die Südstaaten wieder vollständig im Kongreß vertreten.*

[3] *Mit dem Begriff „moralische Eroberung" ist in der Zeit gemeint, daß man andere Länder nicht durch Zwang und Gewalt, sondern durch Überzeugung und überlegenes Vorbild für etwas gewinnt.*

Die geschichtliche Entwicklung des Freihandels

Freihandel hin gravitirt als nach den schutzzöllnerischen Interessen Pennsylvaniens und Ohio's. Wir dürfen daher in nicht entfernter Zukunft allerdings auf wesentliche Ermäßigungen des amerikanischen Zolltarifs rechnen[1], nach denen ein Theil der deutschen Industrie sich lebhaft sehnt, und werden dann wohl auch einen Carey gewachsenen oder überlegenen Theoretiker des Freihandels in den Vereinigten Staaten auftreten sehen, nachdem die junge Bewegung in Edward Atkinson[2], einem Fabrikbesitzer aus der Nähe von Boston, bereits ihren Agitator und Apostel, ihren Cobden oder Bright gefunden hat.

---

[1] *Die Erwartungen von August Lammers erfüllten sich nur teilweise. Mit dem Zolltarif von 1872 wurden die protektionistischen Zölle aus der Bürgerkriegszeit wieder reduziert, allerdings nur für gewisse Industriegüter. Der Zolltarif von 1875 führte das mit einer etwa 10%igen Senkung fort. Weitere Reformen erwiesen sich bereits in den 1880er Jahren als schwierig durchsetzbar. Der Zolltarif von 1883 wurde wegen seiner Halbheit als "Mongrel Tariff" (Mischlingszolltarif) bezeichnet. Ab 1890 setzte sich dann die protektionistische Richtung weitgehend durch. Mit nur kleinen Gegenbewegungen stiegen die Zölle bis zu einem Höhepunkt mit dem Smoot-Hawley-Zolltarif 1930 an.*

[2] *Edward Atkinson (1827-1905) war ein amerikanischer Ökonom, Vertreter des Freihandels und 1898 der Begründer der "American Anti-Imperialist League", die sich gegen den Erwerb von Kolonien einsetzte.*

August Lammers

Die freiesten beiden Gemeinwesen auf dem europäischen Festland, Belgien und die Schweiz, sind auch im Zollwesen nach verschiedenen Richtungen hin den übrigen Staaten vorausgegangen. Die Schweiz mehr durch ihre Einrichtungen, Belgien durch eine erleuchtete und weitgehende Agitation. Umgeben von großen Ländern, welche bis auf die jüngste Zeit herunter ihre Grenzen fremden Industrie-Erzeugnissen größtentheils hermetisch verschlossen hielten, hat die Schweiz doch an nichts weniger gedacht als sich mit einer ähnlichen Chinesischen Mauer zu umgeben, sondern in der freisten Concurrenz die Bedingungen der industriellen Stärke wie des allgemeinen wirthschaftlichen Aufschwungs gesucht, und das mit glänzendem Erfolg. Die Bundesverfassung von 1848[1], welche für die Schweiz einen gleichartigen, aber noch vollständigeren Fortschritt zu geschlossener National-einheit bedeutete, als die Institutionen der Jahre 1866 und 67[2] für Deutschland, hat den Freihandel sozusa-gen für ewige Zeiten sanktionirt[3]. Schutzzöllner sind in der Alpen-Republik nicht einmal hinter der Studir-lampe zu finden. In dem ebenso industriellen und kaum weniger freien Belgien gibt es zwar noch Schutzzöllner und einzelne übermäßig hohe Zölle,

---

[1] *Mit der Bundesverfassung vom 12. September 1848 wurde die Schweiz vom Staatenbund zum Bundesstaat.*

[2] *Gründung des Norddeutschen Bundes mit einem Reichstag und Bundesrat (Vertretung der Staaten).*

[3] *gutheißen.*

aber dafür auch die radicalsten Freihändler[1], welche überhaupt existiren. Schon im vorigen Jahrzehnt bildete sich dort ein wohlgeleiteter Verein, der alle Zölle abgeschafft wissen wollte; und alle paar Jahre taucht diese von der Gesetzgebung vorläufig abgewiesene Idee beachtenswerther Weise wieder auf. Für ein kleines Land in Belgiens Lage, mit außerordentlich starkem Durchfuhrverkehr, hat sie in der That etwas naheliegendes und natürliches. Entstand doch in Baden ganz derselbe Gedanke, als Bayerns, Würtembergs und Hessen-Darmstadts[2] Sträuben gegen den deutschfranzösischen Handelsvertrag den Zollverein eine Weile in Gefahr zu bringen schien! Das zärtliche Drängen Frankreichs auf Zolleinigung mit ihm kann Belgien auch nur nach derselben Richtung hintreiben.

An einen anderen Zollverein für Belgien hat der verstor-[53/511]-bene kluge König Leopold I.[3] ernstlich gedacht: mit den nördlichen Niederlanden[4]. Holland

---

[1] *etwa der belgische Ökonom Gustave de Molinari (1819-1912), der in seinem Buch "Les Soirées de la rue Saint-Lazare. Entretiens sur les lois économiques et défense de la propriété." von 1849 für die Privatisierung aller Staatsfunktionen argumentierte.*

[2] *Großherzogtum Hessen.*

[3] *Leopold I. Georg Christian Friedrich von Belgien (1790-1865) war von 1831 bis 1865 der erste König der Belgier.*

[4] *Gemeint sind die Niederlanden im engen Sinne. Mit der Belgischen Revolution von 1830 hatten sich die südlichen Provinzen des Vereinigten Königreichs der Niederlande als neues Land, Belgien, abgespalten.*

und Belgien haben sich vermöge politischer Centrifu-
galkraft von einander getrennt, aber ihre volkswirthschaftlichen Interessen weisen auf eine Einigung
hin, der die gleiche Macht oder Ohnmacht beider Staaten jedes Bedenken und jeden ehrgeizigen Hinterge-
danken nehmen würde.

Dasselbe gilt von solchen Zollverträgen, dergleichen ein erstes Muster in dem Zuckerbesteuerungs-
Vertrage Englands, Frankreichs, Hollands und Belgiens vom November 1864/66[1] *[sic]* vorliegt. Dieser
Vertrag, dem sich anzuschließen neuerdings auch der
Deutsche Zollverein eingeladen worden ist, regelt die
Besteuerung des Zuckers in allen vier Ländern auf
gleicher Grundlage, ohne grade ihnen allesammt dieselben Sätze aufzuerlegen. Früher oder später wird
man auf dem Wege, welchen dieser Vorgang weist,
noch bedeutende Längen zusammengehen. Man mag
beispielsweise einmal ermitteln, welche Artikel in keinem der zu solchen Uebereinkünften ausgelegten Staaten hinlänglich erhebliche Zollsummen aufbringen,
um der Mühe der Besteuerung zu lohnen, und durch
deren übereinstimmende Ausscheidung aus den Zoll-
tarifen dem internationalen Handel ein immer wach-
sendes Gebiet unbeschränkt freier Bewegung zu
schenken wäre.

Mittlerweile werden dann wohl auch Länder, die
bisher ein so strenges Abschließungs-System behaupteten wie Rußland, Oesterreich und Spanien, der se-

---

[1] *Es muß 1865 nicht 1864 heißen. Mit dem Abkommen wurden
von den beteiligten Staaten Zölle und Steuern vereinheitlicht.*

genbringenden Wahrheit des Freihandels ihre Grenzen geöffnet haben. In Rußland freilich hat sich das überreizte halbrohe Nationalgefühl augenblicklich auf den Zollschutz geworfen, und ächtet jede Herabsetzung des Tarifs als eine feige und verrätherische Concession an das verhaßte Deutschthum. Aber auf die Dauer wird man dort so gut entdecken, daß die Freiheit nicht bloß deutsche Taschen füllt, wie die Franzosen dies hinsichtlich ihres Verhältnisses zu England gethan haben. Oesterreich hat bereits begonnen, sich durch Handelsverträge von einer gemeinschädlichen Gesetzgebung zu befreien. Der gegen-[54/512]-wärtige Einfluß der Ungarn auf die Reichsleitung wirkt darauf vielleicht noch erfolgreicher hin, als Herrn v. Beust's[1] schon in Sachsen bewährtes Verständniß von der alleinigen Heilsamkeit einer freisinnigen[2] Handelspolitik. Es hat sich seit ein paar Jahren aber auch in Wien ein unabhängiger agitatorischer Verein für Handelsfreiheit gebildet, dem schöne Talente zur Verfügung stehen, und neuerdings eine eigene angesehene Wochenschrift. Spanien ist seit seiner letzten radicalen Revolution[3] ebenfalls grundsätzlich zum Freihandel überge-

---

[1] *Friedrich Ferdinand von Beust (1809-1886) war seit 1849 sächsischer Außenminister. Er verfolgte eine antipreußische und proösterreichische Politik für Sachsen. Als diese mit der Niederlage Österreichs scheiterte, mußte er auf Druck Bismarcks abdanken und ging nach Österreich ins Exil. Dort wurde er Außenminister und kurzzeitig sogar Ministerpräsident.*

[2] *freisinnig: liberal (in der Zeit in einem allgemeinen, nicht parteipolitischen Sinne gemeint).*

[3] *Im September 1868 wurde Königin Isabella II. durch einen von*

gangen; es schickt sich an, die Vorrechte der nationalen Flagge[1] abzuschaffen, welche seinen Handel lähmten und selbst der bevorrechteten Rhederei mehr verweichlichend als stählend zu Gute kamen. Allerdings jedoch ist nicht mit Sicherheit vorauszusehen, ob nicht ein zukünftiger neuer Umschwung die Schutzzöllner des industriellen Catalonien noch einmal obenaufbringt.

Da ist Italien glücklicher daran. Ehe es seinen letzten entscheidenden Unabhängigkeitskampf[2] aufnahm, führte Cavour[3], der Schüler der englischen Politiker und Nationalökonomen, das Kernland Italiens, Piemont[4], zur Handelsfreiheit hinüber, die sich dann

---

Cádiz ausgehenden Staatsstreich des liberalen Generals Juan Prim und des Admirals Juan Bautista Topete abgesetzt. Der Thron blieb zunächst vakant.

[1] *unter welcher Flagge Schiffe fahren.*

[2] *Der Sardinische Krieg oder auch Zweiter Italienischer Unabhängigkeitskrieg war einer der drei Italienischen Unabhängigkeitskriege. Er wurde 1859 zwischen dem Kaisertum Österreich und dem Königreich Sardinien und dessen Verbündetem Frankreich unter Napoléon III. geführt. Durch den Sieg über Österreich wurde der Weg zur Gründung des Königreichs Italien am 17. März 1861 freigemacht.*

[3] *Camillo Benso Graf von Cavour (1810-1861) war ein italienischer Staatsmann. Als Ministerpräsident des Königreichs Sardinien war er maßgeblich an der Einigung Italiens beteiligt, dessen erster Ministerpräsident er wurde.*

[4] *Gemeint ist das Königreich Sardinien, dessen Herrscherhaus*

Die geschichtliche Entwicklung des Freihandels

von selber auf das übrige Reich erstreckte. Das Land, welches nördlich von uns das südlich von uns gegebene Beispiel erfolgreicher Nationalitätspolitik gern nachahmte, Schweden, hat auch bereits seinen Handelsvertrag mit Frankreich geschlossen, gegen dessen Annahme die dortigen Schutzzöllner vergeblich Sturm liefen.

So wird der Freihandel immer mehr zum Lebensgesetz der civilisirten europäischen und amerikanischen Völker, und in dem Maße wie er es wird, vermischen seine wohlstandmehrenden Wirkungen sich mit den aus anderen allgemeinen Quellen fließenden. Unverkennbar aber ist nicht weniger der sittigende[1] Einfluß, welchen er auf das Volks- und das Völkerleben übt. Er endigt, wenn völlig durchgeführt, die gehässigen Kämpfe im Innern einer Nation, welche sich an den Mißbrauch des Zollwesens zur Be-[55/513]-günstigung privater Erwerbszwecke knüpfen — Beispiele England und die Schweiz. Er nimmt damit zugleich anderen Verleitungen der Staatsgewalt zur gewaltthätigen Einmischung in die freie Concurrenz der Interessen, in den Kampf ihrer Angehörigen ums Dasein Grund und Vorwand. So gewinnen bei seinem Siege mit der Freiheit überhaupt auch die Gerechtigkeit und das friedliche Zusammenleben innerhalb des Staates. Von Staat zu Staat aber fördert nichts erfolgreicher als der Freihandel eine friedfertige, von gegen-

---

die Herzöge von Savoyen waren. Hauptstadt des Königreichs war Turin im Piemont.

[1] *die Moral verbessern.*

seitigem Wohlwollen getragene Politik.[1] Mit einem
guten Kunden oder Lieferanten lebt Jeder gern auf
gutem Fuße. Es ist gewiß nicht zufällig, daß im Geleit[2]
des Triumphes, den die Freihandelspolitik der englischen Anti-Corn-Law-League im Jahre 1846 errang,
auch die Friedenspolitik B r i g h t ' s und C o b d e n ' s[3]
immer mehr zum britischen Reichs-Programm gewor-
den ist. Was die Beziehungen verdichtet, die Geschäfte
vermehrt, den Austausch von Waaren, Personen und
Ideen erhöht, das dient der Erhaltung des Völkerfrie-
dens. Und jene großen Weltausstellungen[4], welche seit
bald zwei Jahrzehnten so mächtig zur gegenseitigen
Befreundung der Nationen beigetragen haben, waren
sie nicht auch ein Sproß des Freihandels? Erwuchs im
Jahre 1851 des Prinzen Albert[5] edler schöpferischer

---

[1] *Das ist eine Kernthese der Freihändler, die besonders von Richard Cobden vertreten wurde: durch Handel kommen sich die Völker näher und werden sich so ihrer gemeinsamen Interessen, etwa der Erhaltung des Friedens, bewußt.*

[2] *im Gefolge, unmittelbar darauf folgend.*

[3] *Die Freihändler setzten sich für Abrüstung und internationale Schiedsgerichte zur friedlichen Beilegung von Streitigkeiten ein. Außerdem lehnten sie Erwerb und Besitz von Kolonien ab.*

[4] *Die erste Weltausstellung wurde auf Anregung Prinz Alberts 1851 im Londoner Hyde Park abgehalten. Ganz im Geiste der Freihändler lag ihr der Gedanke zugrunde, daß die Völker sich durch Handel einander annähern sollten. Bis zur Rede von August Lammers folgten die Ausstellungen in New York 1853, Paris 1855, London 1862 und wiederum Paris 1867.*

[5] *Prinz Franz Albrecht August Karl Emanuel von Sachsen-Coburg*

Die geschichtliche Entwicklung des Freihandels

Gedanke nicht unmittelbar aus dem geistigen Siege der Freihandels-Idee, der ihrem parlamentarischen Durchbruch voraufgegangen war? Stehen die beiden Pariser Weltausstellungen von 1856 und 1867 nicht in demselben Zusammenhang von Ursache und Wirkung, — Töchter des Freihandels, wenn man so sagen darf, und Mütter des Friedens? Wer die ganze Macht und Wirksamkeit des freihändlerischen Gedankens vorurtheilsfrei überschlägt, der kann nicht umhin, ihm unter den segensreichsten Ideen der Geschichte einen Platz einzuräumen.

---

und Gotha, Herzog zu Sachsen, genannt Albert, (1819-1861) war der Ehemann von Königin Victoria von Großbritannien und Irland und seit 1857 britischer Prinzgemahl.

Franz von Holtzendorff:

Richard Cobden

Kommentierte Ausgabe bei Libera Media.

Franz von Holtzendorff (1829-1889) war einer
der führenden Juristen seiner Zeit. Als junger
Mann hatte er bei ei-
nem Besuch in Eng-
land die Gelegenheit
gehabt, den großen
Freihändler Richard
Cobden (1804-1865)
persönlich kennenzu-
lernen. Ein Jahr nach
dessen Tod hält er ei-
ne Rede über Richard
Cobdens Leben und
Wirken.

Das Buch ist in ei-
ner ausführlich kom-
mentierten Ausgabe
verfügbar. Diese enthält nicht nur eine umfassende Einleitung zum Autor und zu Richard Cobden,
sondern auch zahlreiche Fußnoten, die den Zu-
gang für heutige Leser erleichtern.

VERWANDTE BÜCHER
BEI LIBERA MEDIA

- **Hermann Schulze-Delitzsch:** Soziale Rechte und Pflichten
- **Hermann Schulze-Delitzsch:** Die soziale Frage
- **Wilhelm Lette:** Die Freizügigkeit, das wichtigste Grundrecht für die arbeitenden Klassen
- **Karl Braun:** Studien über Freizügigkeit
- **Karl Braun:** Für Gewerbefreiheit und Freizügigkeit durch ganz Deutschland
- **Karl Braun:** Die Freizügigkeits-Gesetzgebung der Schweiz
- **Robert Zelle:** Ein deutsches Lebensbild

Mehr finden Sie auf unserer Website:

http://libera-media.de

Bisher erschienen bei Libera Media